故事里的冯与骥

马小迪 编著

二十六位名人访谈录

图书在版编目（CIP）数据

故事里的风景：二十七位名人访谈录 / 马小迪编著
. -- 北京：中国文联出版社，2021.10（2023.3 重印）
ISBN 978 - 7 - 5190 - 4495 - 4

Ⅰ.①故… Ⅱ.①马… Ⅲ.①名人—访问记—中国—
现代 Ⅳ.①K820.7

中国版本图书馆 CIP 数据核字（2021）第 203293 号

编　著　马小迪
责任编辑　付劲草
责任校对　胡世勋
装帧设计　中联华文

出版发行　中国文联出版社有限公司
地　　址　北京市朝阳区农展馆南里 10 号　　　　邮编　100125
电　　话　010 - 85923025（发行部）　　　　85923091（总编室）
经　　销　全国新华书店等
印　　刷　三河市华东印刷有限公司

开　　本　710 毫米×1000 毫米　　　1/16
印　　张　14.5
字　　数　193 千字
版　　次　2023 年 3 月第 1 版第 2 次印刷
定　　价　78.00 元

序

追寻文化之"根"

◎王安润

兵团广播电视台的优秀栏目《文化印象》创办至今已经五六个年头了，重播时依旧拥有全国各地许多热心的观众。这不能不引起我们的骄傲和自豪，可骄傲和自豪之余，是否应该不遗余力地继续推介这个栏目，以及栏目背后的故事？好在这个栏目的制片人兼编导马小迪同志，已经默默无闻地在做这件极其有意义的事了。

无论作为这个栏目的策划人之一，还是这个栏目的总监制，我都应该为这个栏目说点什么。当下，原创文化综艺节目成为广大电视观众所喜爱，与我们伟大的祖国风清气顺有直接关系。

习近平总书记在党的十九大报告中深刻指出："文化兴国运兴，文化强民族强。没有高度的文化自信，没有文化繁荣兴盛，就没有中华民族伟大复兴。"对于走向现代化的中国来说，文化自信既是文化理念又是指导思想。因此，做好、做活、做精文化综艺节目是时代的需要。

有一种现象值得研究，这就是文化综艺节目虽然众口难调，审美需求日趋多元、丰富，但人们对文化之"根"的价值需求从未放弃。相应地，文艺创作的价值引导和社会功能与时俱进、不断创新，一直进行着从"众口难调"到"众口可调"的创新探索。业内专家认为，《中国诗词大会》《朗读者》《汉字听写大会》《成语大会》等文化综艺节目之所以走红荧屏，是因为其所蕴含的文化价值反映了时代的脉动，触动了人们的心。这些节目一经问世，就赢得了观众的交口称赞。不难看出，用精心策划和精良制作的节目内容满足受众日益增长的需求，才是实现节目价值引导和教育功能的根本途径。

可喜的是，早在创办《文化印象》之初，台里对它的定位就是一档"阳春白雪"型上档次、高品位的栏目。通过对文化艺术界成功人士的采访，讲述他们人生的酸甜苦辣，展示一种拼搏精神和奋斗历史，传播核心价值观和时代正能量，体现弘扬优秀传统文化的使命意识。由于被采访的文化名人家喻户晓，加之他们的一颦一笑对观众都具有一定的吸引力，节目的名人效应和可视性自然应运而生。现在看来，《文化印象》的定位，与当下文化综艺节目"反映时代脉动，触动人们的心"的创新探索是吻合的，不然《文化印象》怎么会有收视率的居高不下？

印象最深刻的有两件事。一是采访兵团美术家协会名誉主席、国家一级美术师董振堂。他擅写意人物，兼山水花鸟。作品以粗犷、大气、雄浑、空灵著称，个性鲜明，风格独特。2003 年出版《边魂——董振堂兵团人水墨系列作品集》。董振堂老师 1998 年荣获新疆兵团首届"德艺双馨"艺术家称号，2000 年被评为全国百杰画家。当栏目组赶赴第八师石河子市董老家中时，这位老画家已病入膏肓。采访工作艰难而又争分夺秒。这期节目以最快的速度制作完成，令人欣慰的是，奄奄一息的老画家收看了这一期的《文化印象》栏目。几天后，董振堂老师去世了。小迪同志和她的栏目组非常悲痛，但同时又为兵团广播电视台及时抢录了一位兵团文化名人而欣慰。二是采访我国著名作曲家印青。当确定了这个人物后，栏目组的同志们都犯愁了。做了许多努力，都无法联系上这位大名鼎鼎的作曲家。告急电话打给我时，我正在无锡参加全国电视工作会议。印青是中国音乐家协会副主席，解放军总政歌舞团一级作曲、原团长。他创作的《走进新时代》《天路》《江山》等在国内产生了广泛影响，他还多次在国家、军队各重大文艺活动中担任艺术总监和音乐总监。采访这样重量级的人物非同寻常，恰巧著名相声演员牛群、青年歌唱家韩延文等艺术家来无锡慰问演出，我试探性地向韩延文老师说出了求援的意思，没想到她回京后，几经周折终于与印青老师联系上了。在北京，韩延文老师带我们敲开了印青老师硕果累累的工作室。小迪和栏目组的同志紧锣密鼓地开始了工作，我在印青老师的案头一口气读完了电视剧本《历史转折中的邓小平》，他正在为这部即将登陆央视一套的电视剧作曲。节目做完后，得到了印青老师的认可。这期《文化印象》在兵团卫视一经播出好评如潮，还获得了自治区电视文艺奖项。

当下，在日趋激烈的竞争中，不少节目选择了从中华传统文化中汲取创作灵感，使传统文化类节目频现荧屏。我们兵团的文化综艺节目是否应该从《文化印象》中汲取些什么呢？

兵团广播电视台文艺中心副主任马小迪，带着理性的思考和创作的热情，在党委书记、台长代立民同志的大力支持下，开始了她的探索和尝试。她的创作，不是简单还原于《文化印象》栏目的解说词，而是在原有节目的基础上，对文化名人进行最新的诠释和解读，力求给读者和电视同行们一些有益的借鉴和启示。且不论这种创作的结果如何，其别树一帜的思路，就犹如探出围墙的一枝蜡梅，散发出清香。

对文艺工作者而言，传承中华文明和弘扬民族精神，既要深入探寻传统文化的优秀根基所在，也要在新形势下把握新机遇、担当新使命，锐意创新，以广大观众喜欢的节目形式弘扬传统文化。唯有如此，电视文化节目才会拥有生命力，才会在激烈的竞争中获得一席之地。

但愿小迪同志的这部心血之作，既能汇集栏目组全体同仁的智慧，也能够进一步拓展《文化印象》的内涵和艺术空间。

是为序。

2018 年 6 月 3 日于乌鲁木齐

（作者系兵团广播电视台副台长、国家一级编剧）

目　录

第一辑　文学人生

王洛勇：无罪 /94

"我觉得中国人对家的概念就是地窝子的感觉，就是有梁子，里面有孩子，就是你家媳妇在那儿坐月子，我端碗鸡汤给你送过去的一种生活状态。兵团人的坚忍、兵团人的浪漫、兵团人诗人般的情怀、英雄般的意志，深深地打动了我，让我找到了强烈的共鸣。"

刘小宁：一个演员的自我修养 /103

"我不觉着有什么好着急的。艺术作品是急出来的吗？生活是急出来的吗？没用！到我这岁数不是讲究数量的时候，是讲究做一部是一部的时候。我们不太会特别急功近利地说，我今年一定要拍几部戏，我得去挣多少钱，不是这个概念。我是想做一点自己真正想做的东西，感兴趣的东西。"

第四辑　电视人生

黄一鹤：春晚之父 /111

"我们的春节晚会是给观众看的，如果光抓一种感情，我觉得肯定是不够的，光抓欢乐或主调是欢乐都不行，因为人民的生活也不全是欢乐的，还有很多磨难在里面。我们应该跟观众在一起共同消化这些苦难，必须把观众们的心病解决了，他们才能高兴得起来。"

焦建成：寻根 /119

"每年农历四月十八日，锡伯族人都要聚在一起纪念西迁。那个时候，老人总是面朝北方，眼中噙满泪水。年少的我问父母，什么叫西迁？我的祖先到底来自哪里？'西迁'两个字，穿透岁月的时光，深深刻在了所有锡伯人的心灵深处……"

-4-

"把孩子放在主休位置上，让孩子站在一个台阶上，这样我们不会居高临下地去跟他提问题，我们和孩子在一个视角上看世界，这样你就可以了解孩子的内心。"

"我觉得这个社会不缺乏聪明人，也不缺乏投机取巧的人，但是现在的中国缺乏的是一种认认真真、埋头苦干的人。每一代的人所面对的问题都不相同，但又大致相同，困惑一直存在。所以你得敢于去尝试，去多吃些苦。吃苦并不可怕，如果了解了吃苦的意义的话，那么苦就不称其为苦了，它只是你在人生过程当中必须要停留的一站。"

第五辑　音乐人生

"我们在创作音乐的时候，一定要思考什么样的音乐是真正代表我们中国人的内心世界的？那种我们所崇尚的真善美，是一种感觉、一种情怀，是我们对未来美好的一种心愿。它一定不是狭隘的，而是很宽广的，至少在音乐这个领域我要传递出去，要让全世界的人民通过这样的音乐来认识中国。"

"我只是一个会唱歌的老百姓，要说贡献，造原子弹的比我的贡献大多了去了，但是没有人知道，因为这是职业的不同。我们的工作就是露脸，时间长了就容易出名，不要太把自己当回事儿。"

文学人生

第一辑

这边风景

王蒙: 1934 年 10 月出生于北京, 1948 年成为中国共产党的地下党员, 1949 年开始做青年团工作。1953 年, 他开始文学写作。1956 年, 他的小说《组织部来了个年轻人》引起了全国以及世界的注意, 也招致了麻烦。1958 年被划为"右派", 此后多年失去发表作品的可能。1963 年, 他到了新疆, 曾任文学杂志的编辑。1965 年, 任新疆伊犁巴彦岱公社二大队副大队长。

1978 年, 他恢复了党籍并大量发表新作。1993 年出版文集 10 卷, 2003 年出版文集 23 卷, 2014 年出版文集 45 卷。1987 年获得意大利蒙德罗文学奖与日本创价学会和平与文化奖, 并成为约旦作家协会名誉会员。2003 年获俄罗斯科学院远东研究所荣誉博士学位。2009 年获澳门大学荣誉博士学位。2017 年获日本樱美林大学博士学位。

王蒙曾任中国作家协会副主席、中共中央委员、中华人民共和国文化部部长、中国人民政治协商会议常务委员。现为中央文史馆馆员。

他出访过六十多个国家和地区。

2012 年的一天, 王山与刘颖在打扫北京的旧屋时, 无意中发现了父亲王蒙的一部尘封多年的手稿。里面讲述了 1960 年新疆伊犁一个村庄推行"社会主义教育运动"背景下的故事。这部 70 万字的手稿, 就是后来我们看到的长篇小说《这边风景》。它写于 1974 年至 1978 年间, 当时的王蒙正在伊犁一个大队参加劳动锻炼。

王蒙："这本书让79岁的我，回头重新打量39岁时的自己，我那个时候是多么有理想，多么真诚啊。"

1956年，初涉文坛的王蒙创作了小说《组织部来了个年轻人》。令他没有料到的是，这部倾尽他热忱和心血的小说，不仅没有令他拔得文学领域的头筹，反而给他惹下不小的麻烦。在中国文联举办的一次读书会上，王蒙和新疆的朋友坐在了一起，一番畅聊之后，他决定到新疆去。

王蒙："我就想离开北京，尽管当时在北京已经分配我到高等学校去工作。能去高等学校工作当然是非常好的了，但是我个人的追求还是在创作方面。我还是想扩大自己生活的视野和经验，也为响应祖国的号召，去边疆、去偏远的地方，到劳动人民中去，到一线基层去扎根。用劳动锻炼自己，让自己脱胎换骨。就在这种情况下我自己提出了申请。"

王蒙："我平时就热爱有关边疆的电影、歌曲、风光图片，这都使我产生了一种对那里的向往。另外，我确实也想彻底改变一下自己的活法，觉得原来的活法有点问题，碰着大钉子了。所以想去别人不敢随便去的地方，而且我觉得没有什么了不起的。"

于是，1965年秋天，王蒙来到了伊犁巴彦岱村。

王蒙："为什么选择让我到那个地方去呢？实际上是为了照顾我。伊犁的生活条件、物质条件在当时的农村里头是最好的。"

"巴彦岱"蒙古语意为"辽阔富饶"。1766年，首任伊犁将军明瑞在此修筑规模仅次于惠远城的惠宁城，史称"伊犁满营"。随后两千多名满族、蒙古族官兵的入驻，使当地的生产迅速发展，继而带动了经济的繁荣。很快巴彦岱就成为当时伊犁的粮食储藏集散地。直到中华人民共和国成立前夕，这里仍不失为伊犁一个相当兴旺的自然村落……王蒙来到巴彦岱村，仿若一颗小石子投入水中，并没有激起多大的水花。但对他本人来讲，新的环境、新的人群和新的困境都是他不得不面对的问题，都等待着他去适应。

王蒙："到了以后让我兼任副大队长，参加劳动锻炼。当时村里头几乎没有汉族人。我住在少数民族村民的家里头，所以我很快就学会了他们的语言，否则你没法活下去。而且让我当副大队长，什么事儿我都得管，什么活儿都得干。平地，播种，收割，给马钉掌……就没有没干过的活儿。"

按照当时村民的说法，年轻的王蒙看起来十分瘦弱，常年戴着一副眼镜，显然非常不适应当地的生活习惯。但是经过一段时间的锻炼之后，王蒙已经能够和当地村民同吃、同住、同劳动了。在乡亲们的眼里，他是个善良、乐观、能吃苦的年轻人，大家伙觉得王蒙和他们一样，是个农民。

王蒙："我自己尽量从积极的方面来考虑，我想，一个搞写作的人他能够到生活的最底层去，到生产队去，到人民公社去，到农民家里去，和农村基层干部充分联系，了解那些农民生产生活情况，这种从生活里边所得到的影响，是最真实的。那个时候，我唯一能够自我解脱的方法就是学习。我别的什么都干不成，但是我还可以学习，后来又加上了写作。虽然当时写作是根本没有发表的希望，也不那么允许我写作，但是我还是坚持写了。"

对于王蒙来讲，通过写作向人民学习，实现为人民做事的愿望，从而接近人民，走进人民，是他哲学思想务实、可行，文学思想理性、深刻的一面。于是，他在《这边风景》里记录下那个时期人们的生活风貌、衣食住行、吃喝拉撒、婚丧嫁娶……他什么都写到了。书中的人物形象鲜活，细节描写生动，从头到尾都是他掏心窝子的认真和无法掩饰的真情流露。

王蒙："生活本身的力量是无敌的，怎么样才能活下去，这永远是当地村民们面临的首要课题。要出工，要砍柴割草，要吃饭睡觉。伊犁的冬天很漫长，风大雪大，小半年都是天寒地冻。人要烧炕取暖，牲畜要吃草过冬，村民们会反复修葺自家的小院……一切都是为了活得更舒服一点。生活是不可能被摧毁的，爱情是不可能被摧毁的，文学是不可能被摧毁的，世界是不可能被摧毁的。如果没有我跟伊犁的各族同胞摸爬滚打的那个经历，我是绝对写不出来这本书的，而且现在我也写不出来了。"

面对突如其来的诽谤、莫名其妙的羞辱，许多人选择了自暴自弃、自生自灭。王蒙却在边疆人民鲜活的生活态度中看到了未来的曙光，在一个陌生的文化圈里找到了自己活着的价值。是边疆人民的友好和善良，让他触摸到了温暖的人心，感受到了人性的力量。

王蒙："因为我写的是生活，写的是人。男男女女，爱怨情仇，高低贵贱……我写十几个民族人民的吃喝拉撒睡，柴米油盐酱醋茶，写他们的喜怒哀乐、悲欢离合，反正什么都写。"

边疆人民火热的生活，为王蒙的文学创作提供了灵感和想象空间。使他陆续创作出了"在伊犁"系列小说，这些作品写出了生活的真实与幽默。

王蒙："就有人问我，在边疆那16年里你都干了些什么？我开玩笑说，我等于读了16年的大学，预科三年，本科五年，硕士三年，博士三年，博士后两年，就学会使用他们的语言了。"

新疆的少数民族有一句谚语："人生在世，除了死以外，其他全都是塔玛霞儿！""塔玛霞儿"大约相当于"玩耍"的意思，有一种自然而然、随遇而安、走哪算哪的人生态度。而这样的人生态度，对王蒙影响深远。

王蒙："我花了半年多的时间，就可以和当地人简单交流了，能够一起聊天。除了劳动和家庭团聚，我其他时间就是学习他们的语言，那个时候也看了很多书。然后发现，生活本身会消解一切苦难，大地还是大地，人还是人。"

令王蒙没有预料到的是，自己的这段生活，有一天被拍成一部电影搬上了银幕。这部电影就叫《巴彦岱》，它以王蒙的生活经历为背景，讲述了人与人之间的仁爱，和多民族文化之间的相互影响。主人公老王是一个30岁出头、戴着眼镜、看起来很斯文的人。1965年春天，他被派往伊宁市市郊的巴彦岱(当时叫红旗公社二大队)"劳动锻炼"。影片将看似平淡无奇的农村生活，描绘得有声有色，将王蒙生命中最真挚的一段感情刻画得入木三分、细腻动人。

2013 年 5 月 23 日，"王蒙书屋"在巴彦岱镇落成，王蒙又一次回到他当年劳动生活过的地方。揭幕仪式上，他表达了重返"第二故乡"的激动："朋友们，你们对我恩重如山，我永远是你们的王蒙，我和你们永远在一起。"这一天，曾与他共同生活劳动过的百余位农民专程赶来，嘴里喊着"大队长"，上前与他紧紧地拥抱在一起。王蒙没有忍住眼眶中打转的泪水，任凭它们打湿了脸庞。

　　王蒙："如果没有边疆的这 16 年，就不会有后来的作家王蒙。我从来没有离开过伊犁，想离也离不开。"

　　如今的王蒙毫不掩饰自己对于新疆的关注与热爱。而对于新疆生产建设兵团，他也有着自己独特的印象和感受。

　　王蒙："我想兵团的意义这几乎是一个常识性的问题。它对巩固边防，对边疆的安全、国家的安全，具有重要的意义。当年王震将军主持新疆工作的时候，带领兵团人在荒滩上建立起城市。这对于我们写作人来说是一个宝藏，值得不断挖掘。同时它还具有一种浪漫情怀，一批城市青年，尤其是上海的青年到新疆去，到兵团去，服务于当地的人民。老一辈的人在屯垦戍边、建设边疆方面所做的贡献是不可磨灭的，他们对祖国所做出的贡献也是非常重大的。我们经常说有一种兵团精神，就是那种热爱祖国、无私奉献、艰苦创业、开拓进取的精神。我觉得这应该让更多的人知道，让更多的人来学习。"

　　正如王蒙在自己书中写到的："我永远感谢新疆，永远想念着她。是她在最困难的时候给了我快乐和安慰，在最匮乏的时候给了我丰富和享受，在最软弱的时候给了我粗犷和坚强，在最迷茫的时候给了我乐观和力量。她是我的乐园，即使在苦难的岁月里也罢。她是我的亲人，即使人际关系受到了种种扭曲也罢。她是世界上最美好的胜境之一，即使还没有好好发展起来也罢。她是一首最美丽、最深情的歌，是一幅最绚烂、最悠长的画卷，是一个充满激情和等待、幻想和野性、天真和活力的地方。"

扬帆万里诉衷情

陆天明：著名作家、编剧。中国作家协会主席团成员，中国戏剧家协会会员，中国电视艺术家协会会员，国家一级编剧。主要作品有长篇小说《桑那高地的太阳》《泥日》《木凸》《苍天在上》《大雪无痕》《省委书记》《黑雀群》《高纬度战栗》；中篇小说集《啊，野麻花》；电影剧本《走出地平线》；话剧剧本《扬帆万里》《第十七棵黑杨》；电视剧剧本《华罗庚》《上将许世友》《阎宝航》《冻土带》等。

1996 年，一部名为《苍天在上》的电视剧播出了，这部 17 集的电视剧，把当时中国社会最敏感的现实问题，赤裸裸地展现在老百姓的面前。随着该剧的热播，它的作者陆天明也成功地进入了人们的视野。六年以后，陆天明的另一部反腐电视剧《省委书记》再次引起广泛热议……

陆天明："我写那么多反腐败的作品，当然是要揭示腐败，但是我毕竟还在写反腐败，写我们党、我们政府、我们的人民怎么反腐败。我的反腐作品和一些人的官场小说不一样，像《苍天在上》《大雪无痕》《省委书记》《高纬度战栗》，写了负面的东西，但是又写了我们正面怎么去克服。每一部作品我都可以说上三天三夜，它们怎么出笼的，中间我碰到多少磨难，但是它出来了。所以磨难是值得的，但是你要坚持下去！坚持下去！现在我们社会好在什么地方？好在它有了磨难我们有希望解决，这是一个社会的正常现象，是个好的社会。"

20世纪50年代，才刚满14岁的陆天明，谎报年龄、更改户口、跟随大批青年一起，放弃大城市优越的生活条件，放弃正在进行的学业，毅然奔赴安徽农村。

陆天明："那个时候真的是就到农民家，就住在农民家里面。然后我就和一个农民的儿子睡在一个床上。一起干农活，插秧，完完全全当农民。过了大概有半年多时间，就开始调动了，把我安排在一个深山沟里的小学里面当老师，我当时是15岁，一个人带四个年级，一间房子里面就四个班级。教了半年以后，让乡里知道了，乡里说那不行，把小陆一个人弄深山沟里去，他才15岁嘛，赶紧弄回来。"

回来后的陆天明被分配到黄山小学教历史和地理。由于年龄小，个性稚嫩，班上女同学见了他鞠个躬，唤声"陆老师"，都能令他满脸通红。

陆天明："当时我班上的女同学、女学生都比我大，因为农村孩子上学晚。每天中午女孩子来上学，都给我带一碗饭。因为别的老师都有家，我没有家，她们就带过来，用一个布——我现在记得很清的——用一个布包好，里面一碗饭，放点菜。不知道是谁送的，放到我的窗台上。我吃完了以后我也把它包好，我也不用洗碗，还放在窗台上，她们就拿回去了，我的衣服都是女同学帮我洗。大概教了两三年，遇上了三年严重困难，开始吃不饱饭，那时候我才十五六岁嘛。我们一天两碗稀饭，早上起来喝一碗稀饭上课，把所有的课都上完，再喝一碗稀饭，我们全体老师就躺下，把同学放走，因为你不能动，动了消耗太大，然后就等天黑，等睡着。"

16岁的陆天明本以为自己可以熬过去，谁料屋漏偏逢连夜雨，同宿舍一位姓胡的老师竟把肺结核传染给了他。党组织见他年龄小，又染了一身的病，便把他送回了上海。上海不仅接收了陆天明，还给他落实了户口。就在他即将成为国家正式干部的时候，一场影响深远的知青运动再次轰轰烈烈地向他席卷了过来。

陆天明："当时其实我已经很有思想了，我们一帮子十七八岁的孩子，因为三年严重困难，生肺结核的、生慢性病的、在家养病的……我们每天在公园里见面，讨论我们国家应该向何处去，我们应该做些什么事情。其实我们连工作都没有，就在那儿谈国家向何处去的问题，都准备到祖国最艰苦的地方去。做什么样的人，过什么样的日子，为什么去献身，当时一代青年完全没有自己，确实只有国家、民主、革命，这是一点不带虚假的，很纯洁、很无私。但最后真的要走了，也还是有点慌的。因为我和很多人不一样，我到过农村，我明白到农村是怎么一回事。记得当时我们要求所有人在火车离开的一刹那，要微笑着告别上海。当时火车站哭成一片，我们要求大家要微笑着挥手告别上海，告别父母，告别兄弟姐妹，也做到了，但是等火车开出站台，车厢里哭成一片，全哭着倒在地上了。"

陆天明："到了新疆给我们分到新疆生产建设兵团第七师，在誓师大会和表决心大会上，我们要求到最艰苦的农场去。当时最艰苦的农场就是共青团农场，盐碱化是非常严重的。洗碱是很危险的，泡地的时候地上会有很深的窟窿，腰上要系上扁担。为什么呢？因为如果你不小心掉到窟窿里，人就陷进去了，就不见顶了，所以绑一个扁担陷不下去。一天下来，碱水刺激皮肤，腿上拉得都是口子，被碱水咬开的口子，疼，非常疼。我们去的时候是30个人，15个男的，15个女的，我们15个男生住一个地窝子，打地铺，上面铺的是麦草，窗户以上在地上，窗户以下在地下。第一个月是有细粮吃的，照顾了我们一个月，后面就开始吃粗粮，细粮我们基本上是吃不上了。我是6月20号到的，到了以后就开始割麦。当时我们在上海家里面，连手绢都不洗的，男孩子当然不洗，肯定不干家务嘛。到了兵团就得割麦，那时候的大田处理很粗放，地里面有很多骆驼刺，骆驼刺和麦混杂在一起。你想想，我们一手抓过去，那就一手血。就这样我们都不叫疼不叫苦的。"

那个时候的陆天明，一心服从组织分配，绝不三心二意。他先后当过宣教组的负责人，当过武装科的参谋，替领导写过发言稿，替整个农场写过年终总结，带过演出队，管过教育，在宣传组广播站写过新闻报道，办过通讯员学习班，甚至开个大会还带头鼓掌、照相。按照他自己的话说，那个时候的他完全听话，完全克服自我，而且非常自觉，一点都不觉得痛苦，就觉得应该这么做。

陆天明："因为在我们这一代人的心里，国家和民族，是深深扎根在心里面的。我不说我们整个7万知青都是这样的，但是确实有这样一批人，他们就是一心想着，要到最艰苦的地方去改造那个地方，和那里的人民在一起，把那个地方搞好。这个就是我们现在的中国梦，我们当时就做的这个梦。我们的无悔是有前提的，因为我们有了一个非常无私的青春，而这个是值得自豪的。虽然现在我们也许还做不到，也许还让我们这么做，我们就做不到了，但是我们曾经这么活过，这是我们非常自豪的。而且从历史上来看，每一个历史进步的时期，它都要有这么一群人，做出这样的牺牲。现在很多人并不理解我们这一代人年轻的时候所经历的，拥有的是一笔巨大的财富。而且对于一个民族来说，我仍然认为是一部非常宝贵的财富。现在人们忙着挣钱，忙着消费，而不明白对一个民族，对一个国家，对一个时代，有一种非常可贵的东西应该坚持，而这恰恰是我们那一代人年轻的时候拥有过的。"

和所有热血青年一样，陆天明完全融入了火热的农场生活。虽然他从小就立志要当作家，但是在农场整整七年时间，他没有写出任何作品，直到1971年，他才写出了一部话剧《扬帆万里》。谁也没有料到，正是这部作品彻底改变了他的命运。

陆天明："1971年接到一个通知，是毛主席延安文艺座谈会讲话发表30周年，党中央号召全国工农兵业务工作者积极写作，这是作为中央发派的任务。当时我在宣教组看到了文件，就向党委打了报告，我说我响应号召，写一个剧本。当时我只请了一个礼拜的假，而且是在我们宣教组的仓库里，仓库里是不能起火的，我就裹着皮大衣在那儿写了一个礼拜，写出一个四幕话剧，就是这个话剧，后来改变了我的命运。这个话剧到处被人演，1975 年又到北京参加全国话剧调演，这才把我调到北京。当时我调北京是他们找的我，我还很牛，我说让我考虑一个礼拜。我要考虑一个礼拜，为什么呢？因为要调我，我走了，我老婆孩子怎么办？要走必须调全家。"

在他的坚持下，1975 年，陆天明一家四口被调到了北京，但是麻烦也接踵而至。

陆天明："那时候有很多匿名信告我，专门有专案组来查我。说陆天明你有什么背景？我们中央机关工作的同志，工作了一二十年，两地分居，很多年进不了北京，你一个三十唧当岁的小毛头，怎么就四个户口进北京？你有什么政治背景？就查我。我根本没有什么政治背景，就是我们的团长看上了，到处求爷爷告奶奶地找户口指标把我调北京来。所以专案组到上海，到新疆，到农场，到奎屯，到 131 团，转了一大圈调查我，回来跟我说，天明，我们查你了，我们不查不知道，一查才知道，你在那里干得非常好。"

然而，让陆天明没有料到的是，北京的生活更加艰苦。一家四口人每月仅靠着 70 元过日子，大儿子陆川上托儿所要钱，小儿子需要请保姆也要钱，平时的房租、水电各项费用更不用说，一家人一个礼拜才能沾上点油腥，日子就这么紧巴巴地过了下去。

陆天明："第一年到北京过春节，我们一共花了 5 块钱，买了半斤糖，老战友到北京来看我们，或者路过看我们，我们买 5 毛钱肉馅，包十几个饺子请他们吃。平时我们是绝对不会吃肉的，非常苦，跟你说。后来陆川的妈妈因为吃不上什么好的，就经常晕倒，因为那时候我在写作，家里有一个鸡蛋是我先吃，她要保证我的营养，否则我就写不了。因为我那时候再爬起来是非常困难的，当时已经有人说了，陆天明肯定不会起来了，因为当时起来的一批作家，基本上没有再火的。我能不能再写出来，很多人是给我下了结论的，绝对不看好，认为我肯定写不出来了。因为我也没有上过大学，又没有其他的东西，当时的确顶着很大的压力。而且我起不来的话，这个家就垮了。所以当时给陆川留下了一个印象是什么呢？他说从早到晚我只看到我父亲趴在书桌上的背影。但是其实当时我也没有想非要去争那口气。因为直到现在为止，我始终有一个特别好的心态，就是无数次被人判了'死刑'之后，我最好的状态就是能笑着走过你们面前。这点是很重要的，因为一个人一生中总会有很多不是由你决定的磨难，怎么正确对待这些磨难，不要怨天尤人。"

陆天明当时的压抑、痛苦和执着，儿子陆川全看在了眼里。父亲的倔强、认真，以及对生活和写作所充满的热情、执着，深深地影响着他。

导演陆川："我父亲那个时候还不是那么有名的作家，他就待在家里，就在一个板凳上写剧本。那段时间我觉得他很焦虑，也很急躁。我觉得他不是一个酒量很大的人，但他有几次还是喝醉了。因为他那时候在单位里还在接受审查，因为一些冤情，一些冤枉他的事在受审查。我觉得他很孤独，我觉得父亲可能一生都很孤独。我觉得一个有理想的人、有信念的人可能都会很孤独。影视行业看上去是一个热闹的行业，就像我父亲后来做电视剧。做电视剧比做小说稍微好一点，但是实际上他只是一个电视剧的编剧而已，他并不像很多的编剧逐渐变成制作人去参与到非常纷繁的、精彩的行业里面去，他还是恪守了作为一个写作者的底线，他还是过着清规戒律式的生活。所以我觉得他的这种孤独，其实对我影响很大。像我现在做电影，其实我面对的世界要比他丰富得多。如果我自己太出圈的话，我有时候会自责，觉得我好像没有遵守我父亲留给我的一条看不到的底线。因为我觉得我父亲这一生，他其实一直是跟他的文学梦想在一起的，不管他成功还是不成功，我觉得他这方面让我觉得很感动。但是我又很害怕过他的那种生活，因为我觉得那种生活其实挺折磨人的。后来我发现，就算我跟朋友们在一起，我还是很纠结，因为我觉得我应该是独自在自己的书房里，或者到哪儿去写个剧本，这才是我的本分。这很纠结，但这是我父亲留给我最重要的东西。"

在陆川的眼里，父亲陆天明是严厉的，他告诉儿子，艺术创作是硬碰硬的，拉帮结伙和裙带关系无法成就真正的艺术家。

导演陆川："我父亲一直觉得电影圈是一个声色场所，所以他一直很质疑我喜欢电影的原因。他不否认电影是伟大的，但是电影圈是一个声色场所，是一个追求功名利禄的场所，他对我进入这个圈子保持审慎的态度。我记得我小时候喜欢做一些文艺的活动，他都是保持沉默，他没有特别多地支持我。我考上电影学院对他触动挺大的，我听我妈妈说，他没有想到我能考上，结果我偷偷摸摸就考上了。因为电影学院很难考，而且是导演系研究生，全国只招三个人，我就考上了，这对他触动特别大。电影学院毕业之后，其实很长一段时间我是没有工作的，而那段时间恰恰是我爸爸电视剧上的一个爆发期，他接二连三推出了很多作品，但是他一部也没有让我拍过，我们俩还为这个事争论过。我爸爸就是这样的，如果他看不到你真的表现出自己的才华，他是不会用自己的影响力为你谋私的，他就是这么一个父亲，他很严格。"

陆天明对待儿子是严格的，对待他钟爱的写作事业，更是态度鲜明。

陆天明："用我的话来说，作家、艺术家找到自我，充分表达自我，是文学艺术的一个基础前提。作家没有自我，艺术没有个性，就没有文学，没有艺术了。我觉得还有一个问题，就是你找到的自我是什么自我？这个非常重要。作家的自我和一般人的自我有点区别。一般人的自我就是我自己，就是我这个小家，我就考虑我下一顿饭，我应该做什么馍，应该炒什么菜，挣什么工资就够了，你就这么想，完全可以。但是一个作家就不能这样了，作家的自我，用我的话来讲叫包蕴天下。你心中应该有天下，应该有人民，应该有时代，你应该是时代的代言人，人民的代言人，你才会被尊称为作家。"

谈起兵团文化的发展，陆天明也有自己的观点和看法。

陆天明："我作为一个兵团人，就觉得我们的文学文化还应该有很大的增长空间。我从来不认为我们的作家、诗人在素质上、在艺术才华上低于任何一个地区的作家、诗人，因为我就是从那里走出来的嘛。我在那儿待了十几年，也没有把我埋没嘛。但是作为个人来说，你要问一问你自己，就是你是不是积淀了作为一个作家应该有的这些东西。就是当生活在你面前的时候，你能不能感觉到哪些是文学的，哪些是艺术的，哪些是文学所需要的、艺术所需要的。这是种本事，你要去锤炼自己。我们身处在遥远的边疆，尤其在遥远的农场怎么办呢？就要舍去眼前的利益，要用更多的时间把自己的心提进这个国家、提进这个民族，要坚持做应该做的事情，这就是正能量。你作为一个中国人，作为一个中国作家，要坚持做你应该做的事情，坚持写你应该写的东西，这样一步一步往前走。"

著名导演陆川

我是青年

杨牧：被誉为"中国当代最喜爱"的十大中青年诗人之一和新边塞诗人之一。中国作家协会全国委员会委员、四川省作家协会副主席、《星星》诗刊主编。曾赴印度、意大利、俄罗斯、美国讲学访问。出版有诗集《复活的海》《野玫瑰》《雄风》《边魂》《荒原与剑》和长篇自传《西域流浪记》等20余部作品；诗歌《我是青年》、小说《天狼星下》等作品多次获全国大奖；部分作品被选入高等院校文科教材；还有部分作品被译为英、法、德、印度、罗马尼亚等文字及国内少数民族文字；诗集《野玫瑰》被美国国家图书馆收存。

人们还叫我青年……

哈……我是青年！

我年轻啊，我的上帝！

感谢你给了我一个不出钢的熔炉，

把我的青春密封、冶炼；

感谢你给了我一个冰箱，

把我的灵魂冷藏、保管；

感谢你给了我烧山的灰烬，

把我的胚芽埋在深涧；

感谢你给了我理不清的蚕丝,

让我在岁月的河边做茧。

所以我年轻——当我的诗句

出现在人们面前的时候,

竟像哈萨克牧民的羊皮口袋里

发酵的酸奶子一样新鲜!

哈,我是青年!

……

——《我是青年》

这首整整影响了一代人的诗《我是青年》,是著名诗人杨牧 1980 年发表的作品。20 世纪 60 年代,杨牧从家乡四川流浪到中国西北部,将整个青春岁月挥洒在了新疆生产建设兵团这片土地上。二十五年里,他从工人做到牧工,再到担任石河子市文联副主席、兵团文联副主席、自治区文联副主席……直到 80 年代末他才回归故里。

杨牧:"好多人都说我的兵团情结特别浓,我开始不以为然,后来我认了,我发现年纪越大越思念以前的生活。现在有些事情我可能记不住,但当时在兵团的事,哪怕是一点细节我都能想得起来。"

杨牧的一生充满了惊险浪漫的传奇色彩。14 岁他就因反对删除课本里艾青的诗歌被迫辍学。从此,他的人生开始和艾青有了千丝万缕的联系,和新疆这片神奇的土地结下了不解之缘。

杨牧:"我跟艾青还真有点缘分。小时候我并不知道艾青是谁,只是记得当我不知不觉爱上诗歌以后,似乎见过这个名字。那是 1958 年,我当时上初中二年级,开学第一堂课老师忽然宣布,请同学们把某页上的某个作者打叉删除,并宣布这一节课不讲了。我问为什么?老师说这个人是个右派,叫艾青。那时候我已经知道什么叫右派了,但我爱诗歌、文学。语文课本发给我的时候,我就把整本书读完了,我是把它当作品读的,所以我知道那首诗的作者是艾青，也知道那首诗写于40年代。于是我就傻乎乎地向老师提了个问题，问为什么删掉？我说据我所知那首诗写于40年代，而现在是1958年，艾青的诗怎么提前就坏了呢？当时老师的脸色很不好看，一句话都不说，学生们都哄堂大笑，我还沾沾自喜地以为提了个别人都提不出来的问题。等那个学期一完，我的操行课不及格，结果到了下学期学校宣布我被勒令退学了。那个年代被退学是件不得了的事，就注定你这辈子都不能上学了，在这种情况下我只有劳动，14岁就当社员了。有一次我跟一帮人到山上去挑煤炭，路过一个区公所，就在那儿歇口气，吃一个冷饭团喝一口水，结果就在区公所的黑板报上看见我曾经写的一首诗，这给了我很大的鼓励，于是我就不断地写诗，到处投稿。不到两年，我写的诗数量就已经相当不少了，于是我就异想天开，想出一本书，叫作'学步'。没想到这本书还没来得及向出版社寄，小报告就已经打到区上去了，公社就给出版社去了个函，说杨牧有问题，他的作品不能发表，这就把我的路彻底堵死了。"

于是，1964年，20岁的杨牧背井离乡，像数百万流浪者一样，踏入西行的人流，从四川千里迢迢来到新疆的古尔班通古特沙漠。

杨牧："当时我在走投无路的情况下遇到一个同学。这个同学家里生活非常贫困，读不起书，只上了一年就停学了，完了就跑到了新疆生产建设兵团第八师149团。他当时来农村看我，结果看到我几乎走投无路了。因为我的家庭出身不好，在农村备受歧视，没工作、没收入，生活完全没有着落，家里还有一个老母亲。在这种情况下，他说你到新疆去啊！我说我去那儿干什么？他说艾青就在石河子，你去找艾青嘛。我心想，我找艾青他会理我啊？也就是我为他受了挫折挨了一闷棍而已，他要是同情我怎么办？我怎么好开口跟艾青说这个事呢？但我心里其实在发痒，因为艾青在那儿，我也应该到那儿去。后来我就凑了点钱，跑去了。"

20 世纪六七十年代，我国的户口制度非常严格，像一颗铁钉一样把人牢牢地钉在原地，不能挪动半步。就在当时这种情况下，兵团除了接收大量转业军人、支边青年，同时也接收了大量的当时叫作盲流，后来叫作自动支边的那么一批人。

杨牧："当时我们这些人没有户口，没有任何手续。兵团它相信人，相信多数人不是坏人，它敢冒天下之大不韪，就把这些人给收了。没有户口我兵团给你上户口，没有工作，劳资科给你盖个章，从此你就有工作了。这是何等大的胸襟啊！现在想想都觉得有点不可思议！所以这一做法，可以叫作中国最早的人力资源自由流动的一个范本。兵团敢为人先，人们没有做过的它敢做，它的底气在哪里呢？就是实事求是，这是和现在的时代精神相符合的，所以说兵团好多事情是走在前头的。"

唐诗中曾这样描述过西部——"劝君更尽一杯酒，西出阳关无故人。"对于前往神秘又陌生的新疆，任何人都会有一丝忐忑和不安，杨牧也不例外。他小小年纪就孤身一人流浪到西北大漠，靠的不仅仅是勇气。

杨牧："开始我以为兵团是蛮荒之地，因为很多人对兵团有误解，对新疆有误解，对大西北有误解，他们认为那不是人住的地方。但当我到了以后一看，那真是完全想不到啊，居然有那么多的拖拉机、中耕机、收割机，这一套完全是现代化的嘛。我当时就想，哎呀，真了不得！算我运气好，当时就找到了我的一个同学。他对我还真不错，把我弄到一个小旅店里面住，每晚是好几毛钱。这样一直住下去是不行的，他的工资当时才三十来块钱，我一天加上吃喝就要花他一块多，住上三十天不就把他一个月的钱都花完了？于是我就继续往西，我想去伊犁。结果还没到伊犁我就走不动了。就在这时候，碰到一个转业军人，他开着一辆解放牌的车子。当时我正在路边的一个水沟里喝水，他就从车上下来主动问我，小伙子你是不是想搭车？我说是，因为我已经走不动了。他说上来吧，我就上车去了。结果他把我拉到石河子去了。等到石河子差不多半夜了，他把我往一个大众旅社一扔就走了。石河子看上去是非常气派的，那时候房子还没有全部连起来，大街搞得平平坦坦、方方正正的，林带也栽得好好的，就是没有多少人，因为是新城嘛。我当时心里就有个想法，这时候我可以去看看艾青了吧。"

1959年冬天，艾青与家人来到新疆。几乎是在看到石河子的第一眼，艾青就爱上了这座绿色的城市，他不仅选择留了下来，还创作出著名的诗篇《年轻的城》。在石河子，几乎没有一个人不知道艾青的大名。

杨牧："他真的很有名，我跑去一问，人人都知道艾青住在师部大院。但大院上面写着'中国人民解放军新疆生产建设兵团第八师司令部'，而且两边有卫兵站岗，那我怎么能进得去呢？正当我在那儿犹豫的时候，卫兵见我形迹可疑就问我来干什么？我说我不干什么，就想见一见艾青。他说今天兵团有重要首长来，不能放我进去。就这样没见着艾青。"

为了生存下去，也为了能见到艾青，杨牧选择留在石河子。在那个年代，"劳动管饭"四个字对杨牧来讲是决定他命运的关键字。这意味着兵团同意他参加劳动，并且管他的饭了。而兵团对文化的重视，可以说彻底改变了他的命运。

杨牧："当时把我弄到工程队去打土块，我们排长见我一副文弱书生的样子，就安排我写板报。就写哪些人打土块打得好、数量多、质量好，提出表扬插红旗，搞劳动竞赛。我就稀里糊涂地写了一大黑板，排长看了高兴得不得了。这事很快就被队部发现了，第二年就把我调过去了，让我带领文教工作。团里头要文艺汇演了，我的诗拿了个头等奖。团里就把我调到团里宣传队，结果接到的第一个任务就是让我编排一台节目。内容是要反映148团三秋拾棉花过程中，涌现出的'万斤关上十闯将'。我寻思那十个人不就是十个节目？十个节目不就是一台节目了嘛。于是，我就变着法地给每一个人编得不一样。这个用山东快书来说，那个用数来宝来说，这个用小演唱来说，那个用眉户剧来弄。十种形式来唱十个人，内容却只有一个，就是拾了万斤棉花。那天晚上团长、政委、各级领导都坐在下面看，台下有一个人平时没见过，我以为是哪个首长呢，因为那么多领导全都出来了，都陪着他呢。第二天上午，让我们全体集合，宣传科长领着一个人高马大的人进来了，他进来就说，同志们我给大家介绍一下，这就是我们的大诗人艾青。当时所有人都在拼命地鼓掌，只有我在发愣。后来科长就让艾青对昨晚的节目提提意见。艾青就笑着说他不会演戏，提不出什么意见。科长就说鼓励两句也行。艾青就实话实说，整场晚会热乎乎、空洞洞。"

艾青的这句"热乎乎、空洞洞"像一盆冷水，瞬间浇熄了杨牧有些自我膨胀的创作激情，使他冷静下来，发现了自己存在的问题。初次见面令杨牧终生难忘，此后，二人的进一步交往更是出乎他的意料。

杨牧："后来我去了粮种队。艾青也从八师调到下野地。直到我被重新借调回宣传队。艾青他老人家当时要回北京治眼睛，我们同住在石河子第二招待所，这样我们就无意间成了邻居。又见面的时候，我就问，艾老您还认不认识我？他说咋不认得，你是杨牧。随后他让我陪他出去走走，我们就顺着石河子的林带转悠。一路上艾老的话不多，他什么诗也不谈，但我觉得我俩心心相印，默契地你走哪儿，我就走哪儿。最后他信步跨进一个小商店，商店里有一群女娃娃认出艾青，拥过来纷纷询问，艾老师你要买什么东西呀？其实艾老也没准备买什么东西，他就在那儿随意地问豆瓣哪个牌子的好？店家就把盖子给他拧开，然后他用指头抠了一块尝了尝，说还不错。其实我知道，在那个年代，艾青身上的压力还是很重的，但那会儿我看见他笑了，笑得像个娃娃一样。在那一刹那，我看到他眼睛里有光。而那时候我们石河子已经传开了，都说艾青完了，变得婆婆妈妈的，已经世俗化了，不像个诗人了，以后他也写不出什么作品了。但是在那一刹那间，我感觉到这个人的目光里蕴含着睿智和坚韧的力量。"

1977 年，艾青携家人离开了生活了 17 年的新疆，回到了首都北京。此后他的诗作如泉涌，不断地在全国各类刊物上发表。而此时的杨牧也开始小有名气，1980 年，作为诗刊社选中的十七个种子选手之一，杨牧来到北京，再次见到了艾青。

杨牧："我当时是去参加全国第二届优秀新诗集评奖委员会的一个评奖会议，艾青是评委会主任，而我有幸成了里面最年轻的一个评委，其他评委都是中国赫赫有名的文化界元老们。结果我和艾老的诗集都参评了，那个时候没有像现在一样搞回避，都是相信评委们会把握的，结果预评下来我满票，艾老少我一票。那艾老为什么会少一票呢？是因为艾老自己没投自己，而我实话说，我是投了我自己一票，所以才弄了个满票。当时我感到无地自容，恨不得钻进地缝里去。"

这就是艾青，他的为人处世和对诗歌的热爱，直接影响着杨牧的生活观、价值观和创作理念。杨牧把自己在新疆兵团的这段经历，通过他的自传体小说《天狼星下》和诗集《边魂》展现得淋漓尽致。作品中所呈现的生命形态和灵魂类型，不仅展示出他作为诗人的重要价值，更为他岿然于中国当代诗歌史的一隅奠定了坚实的基础。一些评论家认为："…… 他以自己的社会思辨诗歌和继起的新边塞诗、西部诗歌，与其他为数不多的诗人一道，代表了一个时代的诗歌创作高度。"

杨牧："我对养育我的兵团用六个字来总结，那就是感念、感叹和感恩。现在很多人不知道感恩，我是在走投无路的情况下来到兵团，兵团接纳了我，给了我一份工作，给了我一个岗位，给了我生存的基本条件，所以说兵团接收我的那一刹那，是我整个人生的一个节点。如果我不是走进兵团，现在杨牧完全是另外一个样子。兵团还给了我一笔终生用不完的财富，那就是我把苦都吃完了，兵团那个苦啊，是现在的年轻人无法想象、无法理解的。那真是喝了兵团的这杯苦酒，天下什么酒都能对付；吃了兵团的这份苦天下就没苦了。这致使后来当我离开兵团以后，我底气就很足，什么我都不怕。兵团还有个最重要的特点，就是高度重视文化，而我能走上文化之路，也是兵团给了我充分的基层文化工作的锻炼机会，在那里的经历构成了我作品的基本气象和特征。我只要一想起有那么大一块辽阔的土地，那块土地上有那么多我熟识的朋友，那么走到哪儿我都觉得那里就是我的家乡。"

热土难离

韩天航：著名作家。1965年毕业于新疆生产建设兵团石河子财贸专科学校。历任新疆生产建设兵团农七师一二六团中学教师，兵团农七师二建会计、宣传处干事，兵团农七师文联秘书长、常务副主席、主席，高级政工师。1980年开始发表作品。1998年加入中国作家协会。著有长篇小说《太阳回落地平线上》；中短篇小说集《克拉玛依情话》《淡淡的彩霞》；中篇小说集《重返石库门》《背叛》；中篇小说《回沪记》《洋楼与车库》《悠悠棚户情》《背叛》《浮沉》；电视连续剧剧本《重返石库门》《戈壁母亲》《大牧歌》等。

"在我的眼里，每一个兵团人都有一部传奇，每一个兵团人都是一部长篇小说！是兵团哺育了我，也是兵团这块热土给了我创作的源泉，我深深爱着兵团的人和兵团这片土地。"

——韩天航

2007年11月23日，由作家韩天航中篇小说《母亲和我们》改编的电视剧《戈壁母亲》，以独树一帜的清新风范，恢宏悲壮的视觉效果展现在世人面前，牵动了亿万观众的心，并一举创下了央视一套黄金档近年来的收视最高纪录。而在这部电视剧播出之前，新浪网曾做过一番调查，结果显示：71%的网友对新疆生产建设兵团并不了解。是他，韩天航，以一个军垦人的热切愿望及兵团作家的使命、责任，把沉寂了多年的新疆生产建设兵团的创业历程，史诗般地呈现在了全国人民的面前。

韩天航："我想把整个兵团的历史通过我的笔、我的作品表现出来。人是要有一点精神的，我觉得这个话不错。所以我们兵团有一种精神，就是那种艰苦奋斗、创业开拓、无私奉献的精神。这在当今这个社会非常重要，就是它本身的现实意义很重要，这个不能丢，因为人类就是这样过来的。所以我就想写好人，给人家温暖，给人家方向，让人家知道怎样做人。"

韩天航的电视作品《戈壁母亲》讲述了这样一个故事：主人公刘月季带着两个儿子千里寻夫，来到遥远的新疆。丈夫钟匡民，却因抵抗旧社会包办婚姻，与刘月季离了婚。月季没有任何思想准备，仅仅凭着"孩子不能没有爹"这样一个固执的念头坚持留了下来。但与此同时，生活也陷入"困境"。然而大爱就在"困境"中生发出来。刘月季不但没有给任何人带来麻烦，反而毅然投入到火热的屯垦戍边生活当中，义无反顾地帮助身边的每一个人，用自己博大的胸怀、真挚的情感影响着下一代。她那母亲般的情怀就像荒原上的地窝子，让人们得以生存，也让伟大的事业在荒原扎下根来。从她的身上，我们看到了"戈壁母亲"那独立于世的坚韧，那"压得住岁月，也抵得上黄金"的心，那"养育了儿女，也养育了精神"的无边大爱。

韩天航："人家为什么爱刘月季，刘月季得到的也不少啊，而且刘月季她的奉献是很平凡的，谁都能做到。体贴个人啊，关怀个人啊，去送个饺子啊，其实生活中的事她都在做，而且也不需要自己去献出生命。她是个很平凡的人，但是她又是很伟大的人。有些人说天下哪有那么好的人？就不真实嘛。但没有一个兵团人说我们戈壁母亲不真实，因为我们兵团人普遍都是这样的。所以我后来写了十几篇兵团人物，上面有句话：就是她们滋养了我的心灵。"

生活总是与人的命运纠结在一起。与片中的戈壁母亲刘月季来疆经历不同，早在 1952 年，只有 8 岁的韩天航便随着在上海华东盐务局当干部的父亲和当小学教师的母亲，响应王震将军支援边疆建设的号召，来到刚刚和平解放不久的新疆。那时的生活虽然异常艰苦，但边疆清澈的渠水、广袤的戈壁、金色的胡杨，以及母亲那温存的爱，都给韩天航幼小的心灵留下了暖暖的记忆。

韩天航："五几年的时候，新疆整个还属于落后贫穷的状态。在我的印象里新疆乌鲁木齐一到开春啊，那个道路都是泥泞的，石子路都是水汤汤的，生活还是比较艰苦的。每天从学校回到家里，路又远又难走，我母亲一看我们的棉鞋全是湿的，所以每天晚上都要给我们几个兄弟把棉鞋烤到火墙上……"

为了让孩子们接受更好的教育，父母最终还是把韩天航和兄弟姊妹们送回了上海。直到 1963 年，带着对新疆的深刻记忆，19 岁的韩天航不顾家人反对，毅然加入十万上海知青支援边疆、建设边疆的队伍，与广大热血青年一起，响应祖国号召，怀揣作家梦想，将自己的身体和满腔的豪情壮志装进了西去的列车，再一次将自己卸在了这个叫新疆生产建设兵团的地方。

韩天航："当时我说我要到新疆，我父亲就发了个电报说，不要来新疆。我感觉自己对新疆有着特殊的感情，从小就有，所以我非要来新疆。那时候也做了吃苦的准备，本来想在农场劳动呢，后来大概也是冥冥之中吧，把我安排到了学校。再后来还是被下放劳动了，当时是在兵团第七师 126 团六连。"

那是一个建立在茫茫戈壁滩上的布满碱斑的连队。韩天航与那里的职工一起起早贪黑地下地干活。挖渠修水库、打土块盖房子、拾棉花割麦子……但繁重的体力劳动，并没有击垮韩天航。

韩天航："当时在那种艰苦环境下，我觉得作家梦不是想象得那么容易，不是来了就可以当作家的。因为根本没有时间让你去写作，看书的时间都很少，都是晚上拿本书看，再后来基本上就没有书看了。我记得当时我们六连有个王医生，她倒是有许多藏书。她挺欣赏我，所以每次她就偷偷地塞一本书给我看。她说：'我的书我儿子都不给看，就借给天航看，因为这小子会写点东西出来。'还有当年兵团劳动模范郝大姐，她也特别照顾我。我爱人在生第一个孩子的时候早产了，孩子生下来就那么一点点，像个小猫一样。郝大姐进门一看就说'给你批两个老母鸡，再批点鸡蛋。'那个时候她也刚好生了个娃娃，我家娃娃就顺道也吃她的奶了。所以这就是我为什么想把戈壁母亲写出来的原因，真的是好人很多。"

在韩天航的眼里，像"刘月季"这样的好人还有很多，她们质朴的情感如四月暖阳，融化了韩天航那颗冰冷的心。他要把这份实实在在的温暖和感动，融入自己的创作中去。

韩天航："我主要还是写人，载体不断地要触及屯垦戍边。因为是写屯垦戍边的兵团人，写我们的奉献精神，所以从人的角度来讲，无论你是上海人也好，是北京人也好，是广州人也好，这种精神正是我们中华民族的一个传统美德。所以我到现在还在讲文艺作品一定要写好人，以写好人为主，给人温暖，给人启示，让人知道应该怎么做人。不要老是写坏人，越写，这个社会就越乱，人家会说这么多坏人我做点小坏事又有什么关系？我觉得应该造成一种氛围，就是做好人的氛围，人人都做好人，这个社会就会慢慢变得好了，就会和谐起来。大家都生活在和谐中会感到很幸福，人人都是好人了我就很幸福！"

正是因为韩天航与生俱来的乐观主义精神，才使他熬过了那些年艰苦的生活。1971 年，韩天航结束了繁重的农场劳动生活，在六连当起了会计。从表面上看，他似乎没有什么变化，他的内心却升腾着一种激情，他要将这种激情重新点燃，因为兵团人和他们的情感促使他不能不写，不得不书。

韩天航："会计也是非常繁忙的，因为要跑工程啊，做预算啊，但是我还是在晚上的时候坚持写作，这个梦没有丢，这个理想没有丢。就这样半夜的时候写作，真的是很辛苦。"

1983 年，已近不惑之年的韩天航迎来了他梦想中的春天。他的多部作品陆续发表了，他本人也因此被调到当时的兵团农七师宣传部，成了真正意义上的文化宣传干部。从 1986 年到 1994 年，整整八年时间，韩天航的职务变了又变，唯一不变的是他在工作上的勤奋、为人处世的谦和与低调。

韩天航是谦虚的、理性的、富有仁爱之心的。退休以后，他以跋涉者的姿态和对兵团这片热土的眷恋，出版了《回沪记》《背叛》《养父》《我的大爹》《母亲和我们》等多部反映兵团生活的力作。其中《我的大爹》《母亲和我们》两部作品，更是被改编成电视剧搬上了荧幕。

兵团作家张新荃："我很欣赏他的创作风格，因为他可以说是用现实主义和浪漫主义相结合的创作方法，来表现兵团生活、兵团人和兵团精神。兵团是一个特殊的载体，兵团人来自五湖四海，创作兵团这个载体的文学作品，难度相当大。那么他选用的视角就是走进人物的内心世界，通过生活、爱情、婚姻来反映出兵团的精神。而且他在创作中注重人性美，强调人性善良的一面，人与人之间的这种和谐、相互关怀的一面。他曾经说过：每个人伸出自己的一只手，就能支起一片蓝天。"

韩天航："所以我的心态就是我写好人，就写一个比较理想化的人物。我还是那句话，没有理想，感染不了人，真的，永远要给人希望。"

退休后的韩天航本应该毫无顾虑地回到上海安享晚年，但他每年大多数时间还是在新疆兵团第七师度过。因为他把青春和汗水都洒在了这片军垦大地上，他在这里历经磨砺，最后终于实现了梦想。他对兵团这片热土有着难以割舍的眷恋。

有首歌叫《多情的土地》，它的歌词这样写道："我深深地爱着你，这片多情的土地，我踏过的路径上，阵阵花香鸟语。我耕耘过的田野上，一层层金黄翠绿，我怎能离开这河川山脊……啊，我捧起黝黑的家乡泥土，仿佛捧起理想和希冀。我深深地爱着你，这片多情的土地……"这首歌完美地诠释了韩天航的内心世界："我最好的年华是在新疆兵团度过的，如今兵团的一切我都很适应，我已是一个地地道道的军垦人了，我喜欢兵团那比亲情还浓的人情味儿，还有我与老军垦们奋斗过的那片热土！"

方道·文山流

　　方文山：中国台湾花莲县人，华语乐坛著名词人，亚洲流行天王周杰伦御用金牌作词人。善于将传统文化元素融入流行乐曲中，其创作的歌词具有强烈的画面感和东方风韵。代表作有《东风破》《青花瓷》《烟花易冷》等。作品多次入围台湾金曲奖，2003年和2008年分别凭借《威廉古堡》和《青花瓷》获得第十二届和第十九届台湾金曲奖最佳作词人。除此之外还获得过第三届香港音乐风云榜港台年度最佳填词奖等多个奖项。他还致力于参加各种中华文化交流活动，弘扬中国传统文化。出版有《关于方文山的素颜韵脚诗》《青花瓷，隐藏在釉色里的文字秘密》等书籍。

　　……
　　一壶漂泊浪迹天涯难入喉
　　你走之后酒暖回忆思念瘦
　　水向东流时间怎么偷
　　花开就一次成熟我却错过
　　……

　　　　　　　　——《东风破》

　　他就坐在我面前，身上穿着件洗得有点发旧的 T 恤，头发用灰色的头巾包裹着，红润丰满的嘴唇上挂着一撇小胡须，牛仔裤下套着一双看不出品牌的运动鞋。他就是方文山，华语乐坛著名的词作者。虽然我没指望能见到一位温文儒雅、笑容可掬，一举一动之中充满了翩翩君子气度的男子。但也无论如何没有想到，一个写出《东风破》这样"百转愁肠费思量"歌词的人，会是现在这个看上去很潮、很另类的小个子男人。难怪吴宗宪会这样评价他："看看他的词，再看看他的脸，这时你才明白，原来上帝多么公平！"

我强迫自己把注意力从他的个人形象拉回到他创作的歌词上，于是脱口而出一个盘旋在我脑海里很长时间的问题："您是从古代穿越来的吗？要不怎么会对中国传统元素驾轻就熟？"他明显愣了一下，随即哈哈大笑着用台湾普通话回答我："怎么可能！不是啦。我只是喜欢那种美学调性很明显或很一致的东西。像我现在身上穿的衣服、乘坐的交通工具等都是西式的东西。所以有时候反而会想回到以前传统的元素找东西。之所以喜欢传统的元素，是因为那样子的东西在那个时空背景下，体现了一种东方美，一种沉淀的、很宁静的美。我喜欢那样子的世界，不管是诗词、书法或是建筑的形式，我都喜欢。可是我是现代人啊，我回不去嘛。所以我就把那样子世界的东西，把有些可以现在使用的元素，不管是文字还是音乐，都拿到这个时空背景下做一些发挥。"

尽管方文山把自己创作的原动力归结于对中国传统文化的热爱，但我仍然会质疑他现代人的身份。因为他对历史的把握和理解的能力，已经超出了我们大多数现代人。他就这样站在一个制高点上，随意选取历史节点，用音乐的形式来完成对历史文明的解读和构建，并让如今历史人文素养相对薄弱的年轻人去感受古典的质感，用他们易于接受的方式去体验现代社会难以寻找的具有历史纵深感的东西。

方文山："我觉得你要让年轻人亲近传统文化，得用通俗的语言，因为通俗是跟民生有关嘛。你的衣食住行，你欣赏的电影，你打的游戏，你听的流行音乐，都是通俗文化，它不是学术领域的东西。所以说你想让年轻人接近传统的领域，你就要用通俗的语言让他们亲近，不要有距离。不是要开堂授课，来讲书法之美妙，那大家听听都睡着了。假如你用流行音乐来讲书法，用流行音乐讲青花瓷，用流行音乐去讲《本草纲目》，他可能就会觉得有趣了，觉得跟自己没距离了，然后他就比较不会去抗拒。所以我的出发点就是，你想要把传统跟年轻人做个结合，那中间这个桥梁叫通俗，一定要用通俗的语言。"

我们究竟该如何理解方文山所说的通俗呢？我所理解的通俗套用今天的话就是"接地气儿"。方文山的词接地气儿，他的人其实更接地气儿。四十多年前，台东乡下的小镇里，方文山出生了，私立职高毕业后，因为学历太低，一时找不到工作，于是他发小广告，当服务生，给人送报纸，给老板开货车……最体面的一份工作是挨家挨户安装防盗门。直到28岁，他都没有手机、信用卡、电脑、邮箱……这样一个蓝领工人需要从天上掉下怎样的馅饼，才能拥有今天的成就？

方文山："天上没有掉馅饼，我也不认为我过得很坎坷啊。比我坎坷、比我努力的人都有。我觉得不过就是些职业啦，可是它们丰富了我写作的一个想象。因为你曾经做过那样的工作嘛，那你去写一些不同的歌词，我觉得是有帮助的。"

事实上，在台北打拼的11年里，方文山做着和文学创作完全不相干的工作。他忍耐着，坚持着，为的是有一天能够实现在他人眼里一钱不值的文学梦想。就在他快要放弃梦想的时刻，他的才华被发现了。从此他成为专职作词人，与周杰伦一起组成了优势互补的黄金搭档。因为平时很喜欢阅读柳永、李清照、李煜等人的诗词，于是他便借鉴传统诗词，创造出一种新的歌词风格。《东风破》《娘子》《青花瓷》等众多耳熟能详的作品相继问世，奠定了方文山在华语乐坛"中国风王牌作词人"的地位。

方文山："我的中国风的歌词，它有一个宋词的底蕴，还有一些古诗词的韵味。你用现代流行音乐与古诗词相结合，人家就不排斥了。因为我不是整个复刻版，所谓复刻版就是说一样的用五声音阶，一样用古代的演奏方式，一样用古代的形式传唱现代的歌曲。举京剧的例子来讲，京剧的声调、京剧的身段是明清那个时空背景的社会节奏可以接受的。那我们是现代人，所以不能要求现代人完全接受以前的东西。因为社会结构、社会步调都不一样了，所以我的歌曲不是将古典的东西全部原汁原味地取用，我是取用一部分，然后再加上现在的语言去结合。"

……

你的泪光柔弱中带伤

惨白的月弯弯勾住过往

夜太漫长凝结成了霜

是谁在阁楼上冰冷地绝望

雨轻轻弹朱红色的窗

我一生在纸上被风吹乱

梦在远方化成一缕香

随风飘散你的模样

菊花残 满地伤

你的笑容已泛黄

花落人断肠我心事静静淌

北风乱 夜未央

你的影子剪不断

徒留我孤单在湖面成双

……

——《菊花台》

《菊花台》是方文山自己最喜欢的一部作品。因为是为电影《满城尽带黄金甲》创作的插曲，所以当初在创作的时候，他先看电影片花，再根据故事大纲，配合电影的画面，赋予歌曲一个爱情故事。很多女性听到这首歌的时候，都会被它深深打动，继而产生一个疑问：一个男人怎么就能把女人的一生写得这么清楚到位？怎么就能把控女性这么细腻的情感呢？

方文山："我觉得创作来自观察，就是你要有能力把你观察到的现象、画面，用文字去表述出来。那你在写的时候会进入一个想象的时空，你就会想象这个歌里面的主角她会遇到什么样的状况，遇到状况的时候她会有什么样的心情和反应，然后用文字去叙述出来。"

方文山就是这样善于在生活中去发现故事。他创作的歌曲素材来源有很多种，可能是一部电影、一本书或一个资料的汇整。就像歌曲《青花瓷》，方文山只是去找资料，查各类器皿的名称，然后看瓷器制造的过程，找到瓷器出土的一些窑址，最后把它理解成一个历史穿梭的故事。在创作的过程里，方文山总是能用古今结合的词句营造出一种画面感极强的离愁别绪。

方文山："我喜欢影像的东西，因为影像的东西本身就强调画面，是用画面说故事。用歌词说故事，就必须要结合音乐才可以想象到画面。比如说帘外芭蕉惹骤雨，骤雨感觉上就有空间哦，然后门环惹铜绿，又有岁月经过了，而我路过那江南小镇的你。哇，就有个时代感。就是说你的文字会有画面感，是因为本身喜欢影像的东西，那才可能把影像的结构用文字的方式说出来。"

《青花瓷》的歌词中，"天青色等烟雨"正好配的是平平仄仄平仄。难得这样合适的语句也正和这音律。而下一句"炊烟袅袅升起，隔江千万里"则遵守得更为严谨。在如今的词人中，能依旧按照诗词格律来填词的人实在不多见了，这也是方文山的过人之处。

……

一壶好酒

再来一碗热粥

配上几斤的牛肉

我说店小二

三两银够不够

景色入秋

漫天黄沙掠过

塞北的客栈人多

牧草有没有

我马儿有些瘦

……

——《娘子》

《娘子》是方文山为周杰伦第一张专辑《JAY》量身定做的歌曲，它不仅让方文山的才华得到世人的公认，更一举夺得当年台湾金曲奖的最佳词作奖。

《娘子》似乎为我们讲述了这样一个故事：大漠寒秋，天涯客栈，无情剑客问店小二要了一碗热粥、几斤牛肉、一壶好酒。他的手中把玩着一支玉钗，那是家乡恋人的赠物。明天就是最后的决斗，此时的剑客却在回忆家乡临别时的一幕：溪边的柳树下，她素手持翠枝，含笑而立。就为了这一抹柔情的微笑，无情剑客在最后的决斗中败给了自己的相思。他以身喂剑，用生命作答。此时的江南水乡，雨后的绿柳独立于黄昏之后，一颗水滴自柳叶上滑落，砸向树下的青石碑上，那青石碑上隐隐刻着"爱妻某某……"

方文山用类似蒙太奇的手法转换，给整首歌赋予了一种电影画面的质感。再加上游离的吟唱，略带绝望的意境，直击人心底最伤感的部位。

歌曲《烟花易冷》的灵感则源于《洛阳伽蓝记》。方文山在阅读这部北魏时期的著作时发现，它把整个洛阳城的兴衰都写在了书里，让人看着就有感觉。就好像是那个时空背景下的人，眼看洛阳起高楼，再看楼塌不复存……于是就把它写成了一首歌：一千五百多年前，杨衒之笔下那个盛极繁华后倾塌颓废的千年古都洛阳城里，一名皇家将领与他所倾慕的女子邂逅了。两人一见钟情私订终身，然而很快将领就被朝廷征调至边境征战。而在连年的兵荒马乱中，女子在苦等将领不归、帝都洛阳沦为废墟之后，终落发为尼。待将领历经风霜归来寻至女子所出家的伽蓝古寺，却早已物是人非，尘缘已尽。就在雨夜的古寺中，两人相望无语，感叹着世间的繁华就如同璀璨的烟花般易逝……

> 繁华声遁入空门折煞了世人
> 梦偏冷辗转一生情债又几本
> 如你默认 生死枯等
> 枯等一圈又一圈的年轮
> 浮图塔断了几层断了谁的魂
> 痛直奔一盏残灯倾塌的山门
> 容我再等历史转身
> 等酒香醇等你弹一曲古筝
> 雨纷纷 旧故里草木深
> 我听闻 你始终一个人
> 斑驳的城门盘踞着老树根
> 石板上回荡的是再等
> 雨纷纷 旧故里草木深
> 我听闻 你仍守着孤城
> 城郊牧笛声落在那座野村
> 缘分落地生根是我们
> ……

——《烟花易冷》

作品以极强的画面感和故事性，给听众留下了非常深刻的印象。在方文山的笔下，传统与现代总是在有机地融合，从而酵生出他独有的文学特色。

　　方文山："传统是种继承，'传统'这个词是继承的概念。就是说你把传统的文化跟现代的生活方式做结合，会让你这个民族有凝聚感、有共鸣、有认同，这些东西是你的。那除了这些东西之外，你身上所有的东西实际上是跟韩国、跟日本、跟新加坡、跟越南没有两样嘛。可是你文化特色的东西就是你的，跑不掉，那我觉得这就是创作的养分。如果你把一些古代的元素跟现代的社会节奏做结合，也可以适度地让你的生活有一种质感，有一种民族识别度。所谓的民族识别度就是只属于你这个民族的东西，别的民族没办法仿效，也拿不走。"

　　"耍花枪，一个后空翻，腰身跟着转，马步扎得稳当；耍花枪，比谁都漂亮，接着唱一段，虞姬和霸王。"这是方文山给李玟写的歌曲《刀马旦》，这也是他本人最满意的作品之一。那强烈的东方韵味、扑面而来的画面感、纠结缠绕的故事性，使这首歌很快就得以流行。"胡同里有只猫，志气高，他想到外头走一遭，听说外头世界啥都好，没人啃骨头，全吃汉堡。"这首《胡同里有只猫》是他专为温岚创作的，也是他的得意之作。方文山的大部分作品都是这样，内容跨度很大，创作手法绝不雷同，似乎任何东西到了他的手上，只要他感兴趣，都能创作出一首歌曲来。而他的作品看似内容涉及面广而散，实际上识别度却很高，在"江湖"中自成一派，被他自己笑称为"方道·文山流"，后来他更是直接将其定为自己工作室的名字。他在以自己的方式拼命汲取各类文化养料，然后再以创作者的身份以各种形式传达出自己的情感和对事物的认知。

　　方文山："创作者你应该去挑战题材，你不能只会写古代的或现代的情爱。我觉得这种自我的训练有点像演员，如果一个演员被定位为只能演黑帮的流氓头子，或是他只能演书生、演某个胭脂味很强的白领，这时候你叫他去演一个街头混混他可能就演不来，那这个演员其实是戏路不宽。我觉得一个作者就应该像演员一样，你可以挑战任何的戏份，任何的角色，要各种题材都能写。对，我觉得你在这样的位置上就要做这样子的发挥。"

2007年，方文山挑战自我，创造出一种新的诗歌风格，并命名为"素颜韵脚诗"。

方文山："素颜韵脚诗，其实'素'也是一个汉字词汇，是素着一张面、一张没有化妆的脸。那我把它引申为素着一张纯汉字的脸，就是说我写的诗里面，它不会有标点符号，不会有外来语，不会有阿拉伯数字，不会有英文，纯粹是汉字，用汉字去表述一首诗的意境。然后韵脚就是我把一个古诗词的韵脚拿来使用。其实以前的古诗词，从《诗经》《楚辞》、汉乐府、元曲，到唐诗，它都是有韵脚的，而且还有平仄。因为它要对仗嘛，要朗诵嘛。现代诗没有，现在的白话文，现代诗没有，推翻了以前的东西，诗被解放了。诗被解放的好处是有能力写诗、欣赏诗的人增加了。因为以前的古诗词都有限制，创作会受束缚。现代诗的坏处是它不容易背诵，你可以把唐诗宋词背下来，可是叫你硬生生背一首现代诗，就很难，你甚至背不到一首完整的，因为它的架构、平仄、韵脚都不见了，它不好记。那我提倡素颜韵脚诗就是说，我喜欢写新诗、现代诗，我不要有外来语的结构，我不要有符号，我不要有电脑语言，纯汉字就够表达意思的了，不需要那些东西的辅助。然后，我把一些古诗词的结构、韵脚拿回来使用，它会帮助文字产生情境和节奏感，它会好记。那我把它赋予一个名词叫素颜韵脚诗，就是我提倡的一个写作新诗的方法，只是这样子而已，你也可以不采用，只是说我从事歌词创作，所以我觉得这样的诗比较好，比较讨喜，比较亲邻。"

我用第一人称

将过往的爱与恨

抄写在我们的剧本

我用第二人称

在剧中痛哭失声

与最爱的人道离分

我用第三人称

描述来不及温存

就已经转身的青春

——素颜韵脚诗《管制青春》

这首《管制青春》全篇没有标点符号，全部由文字去完成，行末"称、恨、本"等字押韵，字里行间独特的断句方式，营造出歌词一般的节奏，正如方文山自己所说："在这个诗歌贫乏的年代，我要把词写得像诗，把诗写得像歌词。"

能够把喜欢的事情当作工作去做无疑是非常幸运的。方文山便是通过自己创作的歌词来表达他对中国传统文化的喜爱。工作之余，汉字与汉服是方文山的兴趣所在。对于各种汉字字体，他信手拈来，用汉字发展的历史与其他文字的对比，向我们证明汉字是超越时空、地域、方言的文字系统。此后，他又发起了"汉服文化节"等活动，而他自己更是每次都身着汉服，亲自参与，欲让更多的人了解到中华民族的传统服饰之美。他还在自己的微博中写道："'复兴中华文化'这题目沉重，任务艰辛。不过我扛了，就从推广汉服文化以及筹拍书法戏剧开始。"由此，我们看到，方文山，在他"中国风"词人身份的背后，是一个中国传统文化的热爱者与复兴者。

方文山："我们是生活这个时空背景，开车、上班、使用网络，这是一百年前没办法想象的。可是我现在还是可以过一百年前的生活啊。一个小茶几，一个悠闲的午后，我这边泡上茶叶。泡茶这个动作跟一百年前、一千年前都一样，可是上网这个东西是一百年前没办法想象的。所以说我既享受了现代生活的便利跟资讯的流通，又保留以前的生活形式。那是可以调剂生活、增加生活品质、增加生活质感的。所以我觉得，古代的东西或是传统的东西，其实是给现在的生活形式加分的。那回到我们前面说的泡茶的话题，我们都知道泡茶是急不来的，茶叶一定要洗，茶壶一定要烫，这个过程得有耐心。这个不是像在便利商店，你喝冰箱里的易拉罐饮料可能会花十秒，砰的一下打开就喝了。你要泡一壶好茶，就得耐心做完整一套动作。倒进茶杯，还不能一口气喝掉，要慢慢喝。这样你的生活节奏就放慢了，你的人就比较不那么焦虑了，不那么地急躁了。这很好啊，这样的生活方式跟以前是连接的，又让你的步调慢下来，这确实是件很好的事情。"

戏剧人生

第二辑

生存还是毁灭，这是一个值得考虑的问题

王晓鹰：中国国家话剧院导演，原常务副院长。中国戏剧家协会副主席，中央戏剧学院博士生导师。导演学博士，国家一级导演。主要导演作品：话剧《兰陵王》《伏生》《理查三世》《萨勒姆的女巫》《哥本哈根》《简爱》《大清相国》《人民的名义》《红色》《离去》等；出版《从假定性到诗化意象》《戏剧思考》等论著。曾多次获得各种全国性大奖。

铃响第一遍后，观众席里还没有坐满。剧场里依然喧嚣，台前幕后的工作人员镇定有序地做着开演前最后的准备工作。舞台上，导演王晓鹰在侧幕条边焦灼地踱着步，像一头饥饿许久的雄狮在等待猎物的到来。他一把抓住身边走过的舞台总监："来了吗？""还没。"这个回答令他瞬间面色苍白。铃响第二遍，有人冲他喊："来了，来了。"王晓鹰"唰"地一下将厚重的幕布拉开一条缝，望向观众席。只见贵宾席位上，一位白发苍苍的老先生在他人的搀扶下缓缓落座。此时第三遍铃声响起，大幕缓缓拉开，演出开始了。

这是"王晓鹰博士学位毕业作品汇报演出"的现场，他等待的那位老先生是今晚剧目《雷雨》的原作者——曹禺。今晚的演出距离王晓鹰第一次排演《雷雨》已经过去了十几年，那时他还只是作为剧中的演员站在这方舞台上，而如今他已能够凭借导演的身份俯瞰整个剧场。在这次创作中，

他倾尽了全力，做出了一种可谓惊世骇俗的大胆尝试。谁也没有想到他的这一创新，会引发当时话剧界的一片震动。

王晓鹰："有一天我在青艺图书馆的书库里，翻到一本很厚的1936年出版的《雷雨》单行本。我当时感到很意外，我没想到那个《雷雨》的剧本会那么厚。我就站在书架之间，就站那儿翻那本《雷雨》，看了好长时间。然后我有一个巨大的发现，就是那本《雷雨》里面有很多东西跟我们后来演的《雷雨》是不太一样的。他写的很多人物的情感更丰富、更复杂、更微妙。而并不像我们有一段时间以来对《雷雨》的诠释，说它是一个社会阶层，甚至阶级斗争的一个舞台反映。我发现曹禺原来写这个戏的初衷不完全是这样。那我就跟我的导师晓钟老师提出来，我说我有没有可能去改一改我们这几十年来大家对于《雷雨》的趋于一致的理解和舞台处理。就是在对人物的情感上，包括人物的命运感上、人物的关系的复杂性和情感的深刻性上，从这儿更多地去做一些理解和开掘。同时在舞台表达上，多从舞台假定性的角度去考虑一种所谓舞台意象化的、诗化的表达。我说我有一个想法，能不能把鲁大海这个人物，连同他的这条线索，都删掉。不仅仅是为了压缩篇幅，也是为了把这条跟人物的情感纠葛关系不大的线索删掉，让它更集中在我所想要追究的剧本情感的内涵上。晓钟老师说这个想法是有道理的，有价值，但是我们必须要征求曹禺先生的意见。于是晓钟老师带着我到北京医院去看望曹禺老先生，完了跟他讲我希望怎么去排这个戏。曹禺先生先是一愣，后来想了一下，开朗地说，你要把鲁大海去掉，好，我赞同。"

王晓鹰执导的《雷雨》没有以传统的方式去诠释剧作的社会性，而是更关注人与人之间复杂深刻的情感，形式上也更注重戏剧的诗意化处理。有专家看过后说王晓鹰的这版《雷雨》可以说是曹禺剧作60年演出史上一个新的里程碑。曹禺先生本人亲自到场观看了演出，尽管这可能是他生命里最后一次走进剧场来看戏了，但是他还是给予这部剧充分的肯定和支持，并感激王晓鹰让一部陈旧的剧本焕发出新的生命。

这不是王晓鹰在话剧界的第一次挑战。早在 20 世纪 80 年代，王晓鹰创作的话剧《魔方》以一种和以往完全不同的艺术形式，震动了中国话剧界，它被称作新时期话剧先锋之作，它与随之出现的一些剧目共同引发了一场话剧探索的热潮。

王晓鹰："我们做的所有的舞台表达，它的根基是你要表达的是什么？就是你从这部戏里面挖掘出来的是什么？或者你想通过这部戏，向观众向社会传达的是什么？这个东西其实是存在你脑子里面的，是你的思想，是你跟剧本碰撞，跟创作的合作者碰撞，然后是你面对观众、面对社会的碰撞。是你对于人，对于生命，对于社会，对于一些更深层东西的思考。而你要怎么把这个东西用更好的、更强烈的、更鲜明的、更有艺术感染力的方式表达出来，这个时候，你去寻找艺术表达的疆界，你去寻找新的艺术语汇，这些东西是你探索的根基。"

话剧《魔方》用九个没有关联的故事，反映了当时知识青年对社会和人生多角度、多层次的思索。该剧一连公演 80 多场，场场爆满，获得了话剧界的极大肯定。《魔方》的成功使王晓鹰一度醉心于实验戏剧的创作，直到他再次向传统戏剧回归，重新演绎了《理查三世》《哈姆雷特》《简爱》等诸多经典剧目。其中，"生存还是毁灭，这是一个值得考虑的问题。"这句出自沙翁名剧《哈姆雷特》的话就曾在王晓鹰的舌尖上滚动过无数次。然而令他没有想到的是，自己人生的每一次选择以及在戏剧界多年的摸爬滚打都在这句话里得到了印证。

从小就被舞台艺术魅力吸引的王晓鹰，高中毕业后选择在皖南池州地区文工团工作。但是他不甘心，他始终在等待一个机会，一个能够改写自己命运的机会。1977 年，国家恢复了高考，王晓鹰毅然报名参加了考试。

王晓鹰："我生活当中很多关键点的选择，其实都跟戏剧有关系。它很大程度上决定了现在越来越深的、完全不可剥离的，我个人跟戏剧之间的一种联系。可以说最早的一个选择就是上大学，恢复高考给了一代年轻人一个很多年都没有的东西，就是自主选择自己的命运。我上中学的时候数理化不错，所以很自然地选择考理工科。结果一考就考上了，但是因为一些技术原因没有拿到录取通知书。1978 年又考理工大学又考上了，这回录取通知书就到手了。等录取通知书到手的时候，我就面临一个将来到底怎么走的问题。"

　　拿到理工大学录取通知书的时候，王晓鹰正在文工团排练话剧《雷雨》，他饰演周冲这个角色。沉浸在舞台魅力中的他面对理想与现实的抉择时刻，犹豫了。

　　王晓鹰："在那种情况下，我最后还是做了一个选择——就是放弃理工大学的录取通知书。放弃以后，希望自己将来在戏剧这条道路上能够走下去，那就要继续学习，继续准备，然后第二年再去考戏剧院校。当然我很幸运，第二年就考上了中央戏剧学院导演系。"

　　令王晓鹰感到自豪的是，他们那班人是中央戏剧学院 1979 年导演系恢复招生后招考的第一批导演，他们也被称为那个年代戏剧界的黄金一代。因为这个原因，毕业后的王晓鹰被分配到了中国青年艺术剧院担任导演。

　　王晓鹰："我一毕业就进了一个国家级剧院去当导演。但是那个时候并不是戏剧最好的时候，大家都在讲戏剧危机，甚至有的人改行去做别的。那我能不能在这儿，那个时候我们的话叫耐得住寂寞，还要耐得住清贫。我那个时候有个很简单的想法就是我一定要守住，因为我相信戏剧会随着社会的发展、文化的发展，包括经济的发展，它还会复苏的。但是我当时是一个年轻人，就是一定要守在这块，要继续做自己，要投身于事业的想法是非常纯真的。而这个东西其实跟我当年做过的关于人生道路的选择都是有关系的。"

　　王晓鹰的"不甘心"支撑着他和心爱的戏剧共同度过了一段艰难的岁月。直到 1988 年，他去了德国，在三个月的时间里观看了 100 多部戏剧。

回国后，他相继执导了《浴血美人》《保尔柯察金》等多部中外剧作，走上了主流戏剧创作之路。1991年，王晓鹰又一次做出了人生选择，他回到中央戏剧学院，带职攻读博士学位。

王晓鹰："其实做这个选择也不是那么容易的，因为会面临很多诱惑，会有很多机会可以排戏。当时在社会上我也已经有了一些名气，有很多事情会找上我，名和利都摆在那里，就需要花很多时间。但是我就觉得我需要花很多时间去进一步学习，就觉得我需要一个更好的积累，让我的后劲更足一点。要在拥有不停地排戏机会这个基础上，能有新的艺术思考、新的艺术追求、新的艺术空间。而且不仅仅是要排戏，还需要有一些理论思考，有一些美学追求的基础。然后你才能在不停地创作当中去探索新的东西，现在看来我的选择又一次对了。"

1995年，王晓鹰获得了博士学位，成为我国第一个导演专业博士。在不断的艺术实践中，他先后发表论文四十多万字，不但确立了自己的导演风格，也被观众称为"学者导演"。此后，他在戏剧的道路上走得顺风顺水，2001年，在原中国青年艺术剧院和中央实验话剧院的基础上，成立了中国国家话剧院。2002年，王晓鹰担任中国国家话剧院副院长，享受政府特殊津贴。

"当绞索高高地悬挂在你的头顶，要你在诚实与撒谎之间做生死攸关的选择，你将会如何？"这是话剧《萨勒姆的女巫》中王晓鹰对观众提出的直逼灵魂的拷问。此时的王晓鹰虽然已是中国国家话剧院的副院长，但是他并没有放弃戏剧创作，这时的他反而更注重通过反思人类的弱点，来呼唤社会责任感。

王晓鹰："我的话剧基本上是有两条线，像《萨勒姆女巫》《哥本哈根》《深度灼伤》《简爱》这类作品，追求的更多的是所谓的灵魂拷问，跟那种从中国的传统戏剧文化去挖掘现代的艺术表达还是有所不同。吸收中国的传统文化去做所谓的'话剧民族化'，这其实不是简单的说法，这是一种用中国民族的艺术元素去做话剧，在传统和现代化之间的探索。"

用一种全新的叙述视角来诠释经典历史人物，是王晓鹰戏剧创新的又一个探索方向。2008 年，他执导的话剧《霸王歌行》，以独有的叙事结构、语言节奏，以及音乐和舞美的大胆创新、中国传统戏曲元素的娴熟运用，塑造出一个全新的、不同于以往的项羽形象。

王晓鹰："其实我的所谓探索精神，从来都没有丢掉过。我排每个戏，都希望寻找到一个新的表达方式、表达语汇。但作为一个主流戏剧的创新，一个很大的特点是，在它原来的基础上，去往前开拓疆界。那在这种情况下，我觉得我能够保证我自己创作心态的年轻，保证我的艺术创作呈现在舞台上的时候，总是有它的深度和厚度，同时有艺术探索、艺术创作的气质在里面。"

为庆祝中国国家话剧院组建 12 周年，2013 年年末，王晓鹰执导了以"焚书坑儒"为历史背景的话剧《伏生》。这是他继《霸王歌行》和《理查三世》后，再度执导以历史为背景的戏剧作品。

王晓鹰："它的故事背景是讲焚书坑儒的时候，有一个大儒叫伏生，用很特别的方式把儒家的经典《尚书》给保留了下来。他把《尚书》整个背了下来，所以经典得以保留下来。但是因为他把他的书和生命融为一体了，那他就没想到后面他会遇到一些问题。特别是当他的生命遇到威胁的时候，他该如何去解决他跟书之间的关系，还有当他的家人面临危险的时候，他会做出怎样艰难的选择。他扛着内心的自我谴责和社会对他的谴责，把书和他的生命一起保存下来，这个过程非常具有传奇性又非常有戏剧感。有人物非常纠结的生命抉择，有非常强大的文化气质，有中国文化的背景。这个戏出来了以后，观众的反应非常强烈，因为它是在传递一种对于文化的感悟，甚至是强烈地传递一种文化态度。因为这部戏并不只是在讲一个儒生怎么去保护儒家典籍，它真正传达的是文化这个东西不是随时事政治去体现其自身价值的。舞台上则呈现出来，它是绑在一个人物的命运上，绑在一个人物的非常强烈的生命感悟上，这个戏剧效果非常强烈，所以观众从这个戏里面获得了欣赏的快感，跟一个直接追求娱乐效果的东西是不一样的。"

《伏生》是王晓鹰在追求传统元素的现代化表达道路上的又一次尝试，在创新表达的同时，也延续了他创作过程中对于话剧民族化的不懈探索。

王晓鹰："我在表现焚书坑儒这个场景的时候，其实是用了红绸子，大片的、鲜红的绸子长时间地往下坠落，最后把儒生给遮盖起来，就是这样的用一些舞台上面的意象化的、诗意化的东西去表达。然后演员用他的多方面的能力和技艺去表达不同层次的人物情感。我又大胆地运用了面具这个道具，就像龙套演员演不同的人物、场面一样，他们就靠这个面具去表达他的身份，也表达他的态度。我将一个很大的巨型的面具吊在舞台的后区，在情感和情节最激烈的时候，白色面具的眼窝里会流下鲜红的眼泪，就像从眼睛里面流出血来一样，这种效果，包括音乐效果、道具效果、面具等等，这些东西都可以从中国的传统艺术元素里面去寻到它的根。

但是把它拿出来、发展出来以后，特别是和剧情、舞台处理结合起来以后，它表达出来的是一种很现代的、非常有力量的、非常鲜明的、非常有冲击力的这样一种戏剧效果。这些东西你都能感觉到它是从中国传统文化的土壤里面生出来的这样一个轨迹。然后这些东西你都可以找到。观众和专家，对于我在这个戏里面所做的，把中国的民族文化、民族艺术传统用一种很现代的方式，把它融在里面去做一种表达，给予了很高的评价。所以《伏生》是传统和现代的一个高度碰撞的结果。"

戏剧可以在很多层面上跟观众进行交流，可以把观众带进规定情境，使其作为一种间接的人生经历和感受。戏剧的这种代入感可以说是在各种文化艺术观赏关系里面最强烈的一种。在这种认知下，王晓鹰意识到人可以有各种层面的快乐，而戏剧则可以给人带来更加深刻的快乐。

王晓鹰："我觉得戏剧有可能让观众去体味一些在他有限的生命时间，

和有限的生命空间里面，感受不到的，也无须去感受的一些更深刻的、更复杂的生命经历。有了这样一种间接的生命感悟以后，你可能会对生命、对人，对人的情感有更丰富的认识，更深刻的感悟。这种东西就是人看戏带来的诸多的快乐当中，我觉得最有价值的、最丰厚的一种观赏收获。我在戏剧中获得了快乐，因为我的生活经历、生活内容都跟戏剧有关，那这个过程当中给我带来的各种层面的快乐，就是我的人生财富。"

王晓鹰和曹禺

幕后的任性

任卫新：国家一级编剧。祖籍河北河间。出生在内蒙古呼和浩特。毕业于中国音乐学院音乐文学专业。中国音乐家协会理事，四川音乐学院客座教授。我国著名文化项目策划人、撰稿人、诗人及歌词作家。出任多届中央电视台春节联欢晚会总撰稿，国庆六十周年大型音乐舞蹈史诗《复兴之路》文学总执笔。主要从事大型电视专题片和大型文艺晚会策划、撰稿及歌词创作。主要作品：自参与创作《话说长江音乐会》后，作为主要撰稿人参加了《话说运河》《黄河》《万里海疆》等多部大型系列专题片创作。并独家撰稿《伏尔加日记》《中国民居》《伟人周恩来》《百年恩来》《自古华山》《林都伊春》以及大型政论片《新世纪·新航程》等众多大型系列专题片创作。策划、撰稿各类国家级大型电视晚会几百台。歌词创作一千余首，部分作品被收入高等院校作为教材，其中《永远是朋友》等歌曲广为流传。从事编剧主要作品有：大型广西壮族岩画音乐舞蹈诗《花山》，大型岩刻情景史诗《阴山·古歌》，大型森林舞台剧《边城》，大型朗诵剧《一代楷模》以及大型广场艺术表演《燕赵诗篇》《蒙山沂水》《镜泊华章》等。大型音乐作品有：故事大合唱《香港》、大型组曲《世纪故事》及大型组曲《烈士诗抄》、大型歌剧《二泉》等。获全国级奖百余项，其中曾荣获全国电视星光奖最佳撰稿个人单项奖。多次出任中国青年歌手电视大赛和中国音乐电视大赛评委，连续出任北京 2008 奥运歌曲征集评委，以及多届《感动中国》年度评选推荐委员和中国十大杰出青年评委。

千里难寻是朋友

朋友多了路好走

以诚相见 心诚则灵

让我们从此是朋友

千金难买是朋友

朋友多了春常留

以心相许 心灵相通

让我们永远是朋友

结识新朋友

不忘老朋友

多少新朋友

变成老朋友

天高地也厚

山高水长流

愿我们到处

都有好朋友

——《永远是朋友》

光阴荏苒，岁月留痕。在你心之一隅，是否会有一些难以磨灭的珍藏？可能是一份感动，可能是一种向往，也可能是一段旋律……当这首《永远是朋友》再次响起，它唤起了多少人曾经真挚的情感。

这首创作于 1990 年的歌曲原本是为北京经济广播电台开台所创作的。后被中央电视台春节联欢晚选为主题曲，毛阿敏将其收录于自己 1994 年发行的《金奖歌后》专辑中。此后殷秀梅、韦唯、杭天琪演唱了多种版本，在当时广为流传。这首歌曲的词作者就是国家一级编剧，著名策划人、撰稿人、诗人及歌词作家——任卫新。

任卫新："写《永远是朋友》是好多年前的事了。其实，歌曲它是有年轮的，音乐是有年轮的，你现在唱起 30 年代的歌，唱起 40 年代或者是50 年代的歌就会想起那个年代，这种感觉很美妙。我们每一个写歌的人，都希望自己的歌曲能够留下时代的印记，能够流传下去。"

"为什么我的眼里常含泪水？因为我对这土地爱得深沉。"当诗人艾青的这首著名的诗句，出现在字幕提词器上，当天籁般的合唱《我的家园》响起，当舞台上那一望无际的大地在涌动……大型音乐舞蹈史诗《复兴之路》首演拉开了序幕。作为 2009 年国庆六十周年的献礼之作，《复兴之路》在创作之初就被寄予了厚望。剧组的艺术家们对这部音乐舞蹈史诗的定位是，希望像当年的《东方红》那样产生重大影响、成为重要的文化积累，同时还要有新的时代精神、时代特征。担任总导演的张继钢也向整个制作团队提出这样一个问题：我们要用一个什么样的历史理性，什么样的艺术手段，来歌颂成立 60 年的中华人民共和国？作为《复兴之路》文学部副主任，任卫新给出了自己的回答。

任卫新："在做《复兴之路》的时候，我想了一个大胆的创意，就是把人民英雄纪念碑的碑文谱写成合唱。当时，策划组里的人几乎全部反对，我气得对他们几乎要拍桌子。我说搞一个创意是非常脆弱的，做一个创意出来本身更是难上百倍。结果坚持到最后，当我们每个章节都讨论到的时候，总导演说从现在来看，人民英雄纪念碑碑文谱写成合唱成立。于是现场一排练，简直太棒了。大家都惊叹，那个怎么能谱成一首合唱呢？我说1949 年立了这块碑，多少人从这儿过，但是把它变成了一首合唱，在中华人民共和国成立 60 周年的大型舞蹈史诗里面把它变成声音弄出来，胜过我在大型舞蹈史诗中的一切创意，因为我是要对纪念碑上的这些烈士们有一个交代。"

按照任卫新团队的设计，《复兴之路》以时间为脉，由《山河祭》《热血赋》《创业图》《大潮曲》《中华颂》五个章节构成，将 1840 年鸦片战争到 2009 年这 169 年间中国历史的曲折与波澜，浓缩于 150 分钟之内，向国人讲述了一个关于"家"的命题。2009 年 9 月 20 日晚，《复兴之路》在北京人民大会堂举行首场公演，获得好评无数。

任卫新："很多人问我为什么总能把一般人注意不到的，甚至是没有发现的一些关键点、动情点，一些很细微的东西，发掘出来。其实这有三个原因，一个是当你的东西积累到一定程度的时候，你会有一个飞跃。一开始我肯定不是这样的，就是你不断在有意识地积累，积累到一定的时候，你就会有一个飞跃。再一个，就是我的叛逆性格，我不愿意做别人司空见惯的东西。我看到在舞台艺术这方面，做得比较好的就是张继钢，他排一个战士练兵的舞蹈，能从战士扫弹壳开始。他就是不一样，他动脑子，这点上跟我性格类似，因为如果我弄的东西跟别人一样，这是一种耻辱。所以你只有对那些俗不可耐的东西恨之入骨，你才能表现出你的创造。第三点，就是要培养自己有一种武装起来的感觉。你的这种感觉是经过武装起来的，就是别人没有发现的细微点你能找到，就是对艺术、对事物要时刻保持一种敏感度。没有这种武装的感觉，你这辈子搞艺术，百分之九十的人都是一种遗憾。"

继《复兴之路》之后，任卫新开始为一系列大型主题晚会担任文学执笔，同时还受到各地政府宣传部门、著名学府、大型企业的创作邀请。清华大学也慕名而来。

任卫新："我没上过清华，清华是个什么样的我不知道。那样的高等学府我也是望而却步，但是我也从不怯场。为了庆祝清华百年，前期工作已经做了大半年。我记得当时我正在吃饭，他们就来找我去开会，迷迷糊糊地我就去了。我坐那儿他们就跟我汇报，说任老师您看我们这事搞了半年多了，现在结构出来了，您看看怎么样？我说你们给我说说 1949 年前的情况，1949 年后的情况，改革开放的情况，说里边的细节。听完，我一直没说话，也没看他们的结构。他们就急了，说任老师怎么了？您怎么不说话呀？现在这个方案行不行啊？我说，行，没问题啊。但你们这个思路放在北大行不行？放在复旦行不行？放在人大行不行？他们都不说话了。我说你们清华有水木清华之分对不对？第一篇章水，一百年前几十个学子，漂洋过海；一百年后，一百多个国家的学子漂洋过海到你这儿来上学。水，朱自清的《荷塘月色》，也是水。我们国家领导人有很多毕业于清华水利专业。再说到木，清华培养出大量国家栋梁，培养了多少学者伟人，两弹一星有多少元勋？再说清，清华的学术修养、学术品德、学术成果、学术论文，这还用说吗？华，清华桃李满天下，都是报效中华。我说现在还能回到北大吗？所以我在十五分钟之内改变了他们半年多的工作结构。你看就这么简单，所以我不提倡集体讨论，我从来不提倡集体讨论，我提倡坚持不懈地修改，曹雪芹的作品是改出来的，歌德的《浮士德》也是改出来的，托尔斯泰的作品也是改出来的。但是集体的东西我不提倡。"

辛亥百年之际，任卫新再次成为大型主题晚会《世纪之光》的总策划和撰稿人。这一次，任卫新要面对的是在1200平方米的巨型舞台上，做出一场别开生面的，承载着历史厚重感的，与其他晚会风格截然不同的艺术作品。

任卫新："辛亥革命一百周年，开场怎么开啊？因为那个一百周年，是中华民国成立一百周年，这个分寸怎么把握？后来讨论会搞得乌七八糟，我说不要再弄那种所谓的开场了，主持人外加一首诗朗诵，这么搞是最臭的晚会。我们怎么搞呢？舞台设一广场，就在舞台最高处，埋伏一个人。因为当年打响辛亥革命第一枪的地方就是这样的情景。然后音乐一响，探照灯一打，那个埋伏着的、当年的武汉新军，'啪'的一声将信号弹打响，开场了，这一枪是打给一百年前的这些人的。完了唐国强走上台来，拿着一把武汉的汉阳造说道：'一百年前的今天，就是在这个城市，就是在这个夜晚，就是在这个地方，一名武汉新军就是用这把汉阳造打响了辛亥革命的第一枪，也许这个新军并没有想到，他这一枪打翻了一个封建王朝。'我说这么干就省去了主持人的开场白：'各位嘉宾你们好，一百年的辉煌，一百年的什么什么，'竟说些个空话、套话。"

在他人眼里，走在创作道路上的任卫新，极其个性，也极其任性。但是，跟他合作过的人都知道，他是个对细节要求严格、靠谱的人。他追求的永远不是外在的虚弱表现，他要的是创造一个个像《东方红》《复兴之路》那样带给人审美"高峰体验"的经典之作。

任卫新："作为我来讲，永远是力主推陈出新。但是我面临的最大的两个难点，一个是跟你的策划团队能不能协调的问题，因为我最大的敌人是常规思维，是惯性思维。第二个，就是面对领导审查的问题。你搞一个创意出来之后，一帮人饿狼一样地扑上来反对你，你要去说服他们，你要站起来激动地来回走，要喊。最后事实证明，我是对的。我不怕得罪人啊，因为你得罪人了，时间长了他知道你就这种性格，他能够宽容你。"

很多时候，任卫新的语言是直接而犀利的，但不可否认的是，他的观点总是那么独特。按照当下的流行语来讲，他是个爱"喷"的人，对一切看不惯的做法，都要"喷"上一"喷"。

作为一个艺术家，任卫新是有良心的，敢于直言的；作为一个词作家，任卫新又是一个充满激情和正能量的人。为庆祝新疆生产建设兵团成立六十周年，任卫新应兵团之邀，联合著名作曲家印青，一同倾心创作了《兵团进行曲》和《兵团的心》两首歌曲。

任卫新："兵团成立五十周年的时候，我来过，在这儿留下两句话：'一代代血洒黄沙，你说它塞上怎能不开花；一代代骨埋黄沙，你说这塞上怎能不是家。'骨头都埋在这里了还能不是家嘛，这就是兵团给我的感觉。那么现在我又来到了这里，这次是写一个进行曲，一首抒情歌曲。那么我要把这一刚一柔写出来。"

生在井冈山
长在南泥湾
转战数万里

屯垦在天山

不穿军装不戴军衔

兵的性格从没改变

维稳戍边一肩担

忠诚写满天地间

向前 向前 永远向前

我们是光荣的新疆兵团

……

——《兵团进行曲》

"生在井冈山，长在南泥湾，转战数万里，屯垦在天山。"这是王震将军的一首诗，不仅是将军一生征战屯垦的经历，更是整个兵团人在天山脚下开荒造田、安家立业的缩影。任卫新被这首诗所描绘的故事、所传达的情感深深打动。

任卫新："当我发现王震将军这首诗在很多地方都同时出现的时候，我就想应该完成一个大事，就是在六十周年的时候，能够把王震将军这首诗变成歌声飘起来。我来了，做一件别人从来没有做过的事情，别人做过的事情我不做，我就是要把一个放在手上司空见惯的东西，变成一个神奇的东西。这是给王震将军的一个交代，给那些墓地里面长眠的兵团军垦战士们的一个交代。他们的灵魂会听到这首歌的，这就是感情的祭奠。所以当时写完之后，在印青给我歌片的时候，我说不对，一定要写上王震将军原诗，任卫新编词。尽管王震将军的诗在里面只有四句，其他的都是我写的，但是必须要这样写上，这不仅是几个字的问题，这里面的意义重大。做完了这事我踏实了，我觉得很舒服，因为它毕竟变成歌声飘起来了。"

"献了青春献终身，献了终身献子孙。"几代兵团人用青春和热血书写了扎根边疆、报效祖国的英雄史诗。今天，任卫新要用抒情的歌曲将他们的心声传达出来。

献了青春的这颗心

献了子孙的这颗心

边关的血 边关的魂

在验证我们一代代兵团的心

岁月长风吹走 吹走了浮尘

信念化作了胡杨林

就是这样永不言弃

就是这样从不沉沦

不离不舍 不竭不灭

我 兵团的心

……

——《兵团的心》

任卫新："《兵团的心》这首歌，是从老军垦他们的生活中找到灵感的。我是还原于质朴，写了兵团的心事。就是把兵团60年来活着的和死去的几代人的东西用这四个字来概括了。这里面最让我感动的，也是最锥心的仪式就是八千湘女上天山。湖南从新疆采了一块石头把它运到了湘江边上，命名为湘女石。揭幕的那天请来了一百多个兵团的战士，都是当年的湘女。这些女人拿着当年走的时候拍的照片，趴在石头上痛哭，嘴里说着我是新疆湘女，我回来了。这才是真正人的本质的东西，没有什么豪言壮语。所以才有歌词里写到的'天山的雪、天山的月，在作证我们一代代兵团的心'。直到第二段'边关的血、边关的魂，在验证我们一代代兵团的心'。"

记忆不能磨灭真挚的情感，岁月不能淡化令人喝彩的杰作。任卫新的所有经典作品都体现出他对艺术的执着、狂热与追求。用他自己的话来讲，作为创作者，他可以随心所欲、任性妄为。即便是为命题而写，也不是你要他怎么写他就怎么写。你可以命题，但是必须经过他自己的思考，用他独有的表达方式表现出来，这是任卫新创作时一直遵循的态度。就像泰戈尔的诗句中说的"你只管走下去，花朵会一路开放的"。

任卫新："不要老考虑获奖，为获奖而做的东西没有太多价值。不能为了获奖才去排练。我们要做一个接地气的，实实在在的，能够不断随时调整的，真正的舞台艺术的演出。你做好了，奖会找你的，不要奔着奖去。就像我写一首歌一样，我跟作曲家反复强调，先认认真真写好一首歌，把那种垃圾歌曲的概念砸个稀巴烂，这样才能写出一首完完整整的好歌来，剩下的都会来找你的。"

快乐的金小丑

　　刘全和、刘全利：著名双胞胎表演艺术家，幽默滑稽哑剧笑星，国家一级演员。现任中国广播说唱团团长兼书记，中国文艺志愿者协会副主席，中国杂技家协会副主席。中国曲艺家协会常务理事，中国环保促进会常务理事，中国海外联谊会常务理事，中国民间组织国际交流促进会个人理事，全国青联常委，中直青联常委，北京市杂技家协会副主席，中国滑稽艺术委员会主任，中国唯一的国际幽默滑稽协会会员。刘全和、刘全利是中西幽默艺术精华兼收并蓄的双胞胎喜剧表演艺术家，已成为国内外幽默滑稽艺术舞台上不可或缺的喜剧明星。在国内外比赛中荣获金奖及多种奖项，多次代表中国出访国外；曾参加央视春晚及国内外各种大型文艺演出和奥运会闭幕式的演出活动，在国内外享有极高的声誉，40年的艺术生涯，独特的艺术，幽默诙谐的喜剧表演，风靡了世界70多个国家；幽默滑稽小品《小鸟与蜜蜂》《照镜子》《摄影者》《兄弟拍电影》《橱窗模特》《我俩的奥运》《同桌的你》《指挥家与钢琴家》等等，表演细腻，现场火爆，让中外观众叹为观止；刘全和、刘全利是当今双胞胎里面最出色的喜剧表演艺术家，并获得"21世纪百名优秀青年艺术家"称号，双双获得国家颁发的终身成就奖，"德艺双馨"文艺工作者称号。也是至今在国际幽默滑稽哑剧比赛中唯一获得"金小丑"大奖的两位中国人。

2009 年春节，四川地震灾区，当日气温骤降。在中国文联组织的"送欢乐、下基层"演出团到地震灾区慰问演出的舞台上，刘全和、刘全利兄弟俩在寒风中脱下厚厚的棉袄，身着单衣，为台下热情的观众送上了诙谐幽默的喜剧表演，将自己最好的精神面貌与演出状态呈现在灾区基层百姓面前。

2011 年，河北蔚县，当日气温零下 5 度。台下，观众在严寒中不时地搓手、跺脚。台上，身着短衫的刘全和、刘全利兄弟，在"送欢乐、下基层"走进蔚县文艺演出中，为现场近万名当地群众倾情表演自己的拿手戏《小鸟与蜜蜂》。

2015 年，秦皇岛，当日风力高达七级。台上，刘全和、刘全利正在表演新创作的节目。当刘全利好不容易迎风站在了哥哥刘全和的肩膀上，狂风却将他猛地灌倒在地，刘全利硬生生摔倒在水泥地上，鼻子受伤流血不止。但他爬起来继续坚持，直到演出结束后才肯去医院就医。

在南水北调工程现场，在海军部队的舰艇上，在新疆、西藏等少数民族地区，处处都留下了他们的身影。

刘全和、刘全利："作为演员，我们就喜欢把舞台搬到老百姓中间去，把欢乐送到千家万户去。深入到群众当中也是一个不断学习的过程，基层群众很真诚，他们的欢乐全都写在脸上。作为演员，我们就是要从观众的脸上，感受和改进不足之处，丰富表演的内容，从而不断提高自己的表演水平。"

作为孪生兄弟和多年来同台演出的合作伙伴，哥哥刘全和思维灵敏，善交朋友。弟弟刘全利为人淡定，醉心创作。在两个人的节目中，弟弟常常是主角，哥哥甘当配角，两人谁也离不开谁。在接受我的采访时，兄弟俩你一句我一句，配合得非常默契。

刘全和："舞台上，当意识到他在哪个地方出错了，我就赶紧弥补。"

刘全利："我俩互补性很强。两个人齐心合力拧成一股绳，才能创作出好的作品。"

刘全和："这种默契别人是很难达到的。也正因为有这种优势吧，我们才能够合作表演这么多年。有些合作伙伴到后来可能会出现矛盾，就分开了，但是我们不会。"

成功的表演往往始于模仿。刘全和、刘全利兄弟俩自从看了幽默大师卓别林的表演，就深感震撼。从此以后，将卓别林定为自己模仿的对象。

刘全和、刘全利："一开始模仿的时候，就觉得卓别林绝对是大师级的，而且我们的经历和他的经历也很相似。比如说，他小时候家里很贫穷，稍大一点就到马戏团演小丑，从马戏团出来后才进了电影界。其实我们俩小时候家里也很穷，后来到了1970年，解放军铁道兵文工团到天津招收文艺兵，我们俩因为跟父亲练过武术，所以就顺利入伍了。到了部队以后，拼命努力。转业后就成了杂技演员，从杂技当中学到了很多东西。然后转向了滑稽剧，我们现在给它定位叫幽默小品。因为滑稽是外在的、搞笑的，而幽默是一种智慧，我们俩就给我们的表演作品定位叫幽默小品。"

刘全和、刘全利表演的幽默小品就是用肢体语言、表情、道具、音乐等元素来展现故事情节，唯独演员不发出声音。这种表演和杂技、哑剧的表现形式与概念是近似的，因此兄弟俩遭到不少人的质疑。

刘全和、刘全利："有好多人说我们表演的东西已经脱开杂技了，不可能有市场，就开始打压，我们俩就咬着牙坚持。我们觉得当一个演员最重要的就是坚持，有好多人就坚持不下去，走了一半就觉得太苦了，成功不了了，可能就转型了。我俩始终就没转，就是觉得再难也要咬着牙往前走。"

艺术源于生活，就应反哺于社会。观众快乐的笑声和雷鸣般的掌声，是对兄弟俩表演的最大回馈和鼓舞，更是二人坚持继续前行的原动力。在他们的眼中，直接面对观众的表演是最真实的试金石，老百姓喜不喜欢、爱不爱看，都表现在脸上，容不得半点虚假。

刘全和、刘全利："我们演的东西必须传达一种健康、向上、积极的正能量，而且必须是反映时代的作品。讽刺的那个度又必须掌握得非常好，还得让歌颂的和讽刺的内容并存。像我们俩演的东西吧，主要是给大家带来欢笑的，但在我们的节目中，人们看完了不光是欢笑，更重要的是看出一种品味。在笑中带有一些文化的气质，还要有一些回味，要传达出一种精神。这种精神鼓励人们要健康向上，要支撑着自己，在自己的工作岗位上做好本职工作。"

接地气、有时代感、歌颂与讽刺并存，是刘全和、刘全利作品的特点。而对艺术始终坚持创新追求，让刘全和、刘全利逐渐摆脱偶像卓别林的影响，走上属于自己的创作道路。1992年，这对双胞胎兄弟以绝对原创的拿手好戏《照镜子》一举捧回了第九届意大利国际幽默大赛最高奖"金小丑"奖，这也是迄今为止中国在国际幽默滑稽哑剧比赛中获得的最高荣誉奖项。然而，赞誉与嘉奖没有让兄弟俩停止前行的脚步。对他们来讲，自己不能被掏空，不能今年演这个节目获得广泛好评，明年演的还是这一个节目，这样的表演和表演者老百姓是不会喜欢的。

刘全和、刘全利："你得去观察生活，得去跟人家聊天，跟百姓聊天。百姓需要什么，喜欢什么，要搞清楚，而且还不能一味迎合。老百姓喜欢的东西多了，你怎么体现？我们觉得文艺是一种引领，是真善美的体现。艺术中没有美、没有震撼、没有激情、没有精神，那怎么能行！所以我们的作品一定得给大家带来一种精神上的正能量，一种正面的东西。一部好的作品可以影响人的一生，可以永远激励着人们往前走。"

作为国内滑稽表演中的佼佼者，刘全和、刘全利兄弟追求艺术表现上的精益求精是永无止境的。除了"双胞胎表演"这个特色外，杂技、魔术、舞蹈、武术、小品表演等硬功夫的完美结合与独特展现是他们受欢迎的主要原因。

刘全和、刘全利："我俩是双胞胎,这是个得天独厚的优势,这别人是做不到的。而如果我俩个人能力都很强,那两人加起来可真是强强联手,1加1就大于2,就等于3了。特别是在国外,滑稽表演没有组织,就是个人提溜个箱子,走哪儿演哪儿。有的人虽然创意挺好,但一个人的表现始终形成不了大的规模。像我俩这样,最起码是两人,这就有矛盾冲突了,节目才好看了。你说一个人,他再怎么玩花儿,也就是在技术上、表演上、肢体上准确了那么一点,表演中魔术的东西更多一些罢了。而我俩的东西既有矛盾,又有冲突、又有和谐,又能出去,又能进来……这种形式是多变的。世上的双胞胎有很多,但是又会技巧、又能表演、又能创作、综合能力又强,还要有艺术感的,真的不多了。"

从杂技《桌上钻圈》到滑稽小品《照镜子》,从全军文艺汇演中获得二等奖,到代表中国参加第九届意大利国际丑角比赛获得"金小丑"奖。舞台上的每一次演出,给观众带去的每一次欢笑,捧回的每一份荣誉,都是兄弟二人台下默默努力、挥洒汗水、燃烧青春的结果。

刘全和、刘全利："有人说,你们不就是在舞台上十几分钟嘛。其实这十几分钟背后的血、泪、汗,别人是体会不到的。台上一分钟,台下十年功,很多人做不到这一点。其实我俩现在坚持每天运动一个多小时。比如说跑步5公里,快速走5公里,然后单杠双杠,练练肌肉能力、腹肌能力,肩、韧带、腿、倒立,你只要是天天在动,在坚持,你的肌肉能力就不会减。所以说既然干上这行了,就得管住嘴、甩开腿,天天去训练,甭管有多苦多累。一个人哪,只要你抓紧时间,学会利用时间,锻炼就有保证。人就怕懒,哎呀,今天我不舒服,算了,明天再说吧。像这样,我们俩就得互相提醒。走!到外边走走去。你们年轻人更要有种不服输的气儿,得有朝气，得有积极向上的这些东西。你看，我俩都快六十岁的人了，上台以后还跟小伙子似的，这就是我俩平时积极锻炼、互相监督的成果。"

这对儿在艺术道路上携手登顶的双胞胎兄弟，用对艺术认真负责的态度，用精湛的演技，不断探索、创新。在让自己成为中国幽默艺术舞台上令人不可忽视的力量的同时，创作出大量观众喜爱的原创幽默小品。

刘全和、刘全利："《同桌的你》是我们俩比较满意的一个作品。所有人看完都觉得我俩的创意非常独特，一般人演不了。为什么呢？因为我们俩都学过跳舞，学过杂技，演过小品，那是种基本功，是硬功夫。然后我们把这些元素都加到里面，让人觉得这个小品里有别人想不到的东西。不管是老年人、青年人、小孩，对这个节目都非常感兴趣。因为它把老年人带到他们最美好的童年时代。青年人看到那种小男孩、小女孩之间相互关爱的小细节，也觉得很好玩。我俩还有个作品叫《我的儿子》。我俩一个演父亲，一个演儿子。演一个小孩子从吃奶开始，一直到会走路会上学……在孩子的成长过程中，父亲却在时光中匆忙老去。我们觉得这个作品是笑中带泪的。它把人的情感全部体现在一个'爱'字上了。"

一部好的作品一定是能够让人记忆深刻，回味无穷的。刘全和、刘全利的作品就是那种让人看的时候笑中带泪，看完以后思索回味，多年以后还能记忆犹新的经典之作。

刘全和、刘全利："我俩追求的就是让老百姓、让观众有记忆，能记住我们的作品，记住我们的人。这对我们是非常重要的。但是创作一部原创作品好难啊，压力太大了。所以就需要潜下心来，认真做。现在的人都特别浮躁，恨不得一夜成名。今天跑到这儿了，明天跑到那儿了，今天干这个能挣钱就马上去干，明天干那个赚钱又马上跑过去。从来不好好总结自己，恨不得把自己都掏空。其实，人要想干事就一定得踏踏实实的，脚踏实地一步一个脚印。演员拼的是什么？拼的就是文化底蕴，拼的是一种实力。你得时刻都挑战自己，永远觉得自己不行，永远觉得自己是小学生。这种压力确实挺大的。"

压力就是动力，四十多年来，兄弟俩在不断自我加压的艺术道路上，始终秉承着谦虚、勤奋、努力、坚守的人生准则。

刘全和、刘全利："像我们俩在团里排练的时候，就会把团里机关的人叫过来几个充当观众，看完以后好的不许说，首先说看懂没看懂，哪儿不好。觉得他们当中哪怕是提出一条意见也能刺激我们的创作，也算是代表了全国一部分观众的意见。我们觉得吧，再好的演员也要善于集中大家的智慧。演员可不就是演出创作嘛，我俩觉得这是最重要的事。因为一个演员没有自己的作品，你拿什么去演？你还得演好，演好呢，老百姓才会有掌声，有笑声，你才会有更多机会去演出。"

为了给老百姓送去欢笑，这对孪生兄弟其实也是"蛮拼的"。无论是大型演出，还是小型晚会，无论观众是多是少，兄弟俩都特别认真，要求自己绝对不能有一丝纰漏。

刘全和："我们俩特别认真。演出前，谁的节目靠后点，车是可以晚点去接的。我说不，一定要早点到会场，看看舞台上哪儿是上场门？我俩的道具在不在？谁帮我搬？这都得落实好，演出前我们就没有任何私心杂念了。要是总担心到关键点了音乐能不能放出来，音乐声会不会太大了或太小了，这就不可能投入进去，就演不好了。观众期待的是你刘全和、刘全利这么好的一个作品，想要好好看看。结果你出现很多失误，人家看完了以后，觉得无非就这样了，这你就很痛苦了。所以我们每次出去演出都像打仗一样，认认真真的。我俩在台上演出哪怕有一丁点的失误，下来都不能原谅我们自己。"

刘全利："我记得有一次演出，当时是在新疆，一九八几年的时候，演出条件还不是特别好，几个灯照在那里就开始给战士们演出了。战士其实也不多，可能也就有那么五六十个吧。用灯光在那儿打着演出，黑乎乎的，啥也看不清楚，我们还是认真地表演。所以说人哪，好多东西在困难的环境下你都经历过以后，你会踏实，对任何舞台才能驾驭得住。有好多人驾驭不了，一看又没有灯，又没有话筒的，还要在那儿唱歌、表演，他会觉得这可能演不了了。其实我觉得演员要吃好多苦，受过好多磨难，他才会珍惜。来得太容易了，他不会珍惜的。作为演员，什么样的苦都应该吃，什么样的环境都应该适应，有了这样的磨炼，演员才有了厚度。好多演员一出场怎么就感觉薄了呢？那是磨炼还不够。"

向生活学习，向姐妹艺术学习，在创作表演上给滑稽戏注入新的内涵，是刘全和、刘全利的作品日臻完善的必由之路。兄弟俩曾多次提到一个词——颠覆性，这是他俩在创作一部作品时的前提，既不能固守传统，又要给观众展现他们没有看见过的东西。而要做到这一点，首先就要求他们杜绝任何形式的抄袭。

刘全和、刘全利："现在好多语言类的节目，总是去网上抄些东西。老百姓一看，这什么呀，这不好。我们觉得作为一个现代演员就应该潜下心来学习，提高自己的创作能力。要坚持原创，要创作出高于网络的东西，观众才能满足。如果你创作的内容落后于网络，那观众肯定不喜欢看，你演得也就没有信心了。演出时没有掌声，没有笑声，你自己在台上是很难受的。"

如今，在台上生龙活虎地演了一辈子滑稽剧的兄弟俩已经到了耳顺之年，但是他们依旧活跃在心爱的舞台上，活跃在观众的视线里。用积极进取和勤奋乐观的精神将自己的艺术人生过得四季如春。

刘全和、刘全利："我们俩德艺双馨也拿了，演艺界十大孝子也拿了，终身成就奖也拿了，按道理功成名就也可以歇歇了，但是我们俩总感觉那是过去。画上句号了吗？在我们俩这儿永远是逗号、顿号，没有句号，完了还永远是问号。这就是我们俩，因为我们把自己的事业已经当成职业了。你把它定到多少岁可以结束？在舞台上，老百姓喜欢，我们就一定要把这种欢笑送下去，直到自己走不动为止。估计要这么下去，我们的艺术应该一直是常青树。因为我们有好心态对不对？你没看见我俩穿的裤子都是绿色的吗？冬天都没有绿色了，我们这身上还有绿色，永远都是青春的。"

笑动三十年

武宾：著名相声演员。2004 年作品《娘家人》获全国相声一等奖；作品《咨询热线》获 2004 年全国相声一等奖，作品一等奖，最佳捧哏奖；作品《咨询热线》参加 2005 年中央电视台春节联欢晚会；作品《疯狂股迷》参加 2008 年中央电视台春节联欢晚会；作品《团团圆圆》参加 2009 年中央电视台春节联欢晚会；作品《超级大卖场》参加 2010 年中央电视台春节联欢晚会；作品《圈子》参加 2015 年中央电视台春节联欢晚会。曾先后参与创作的相声作品有：《调个儿》《趣味解说》《出租司机》《咨询热线》《有趣的标语》《彩铃声声》《都是为你好》《儿戏》《长寿村》《晒晒 80 后》《午夜大卖场》等。先后出访过西班牙、奥地利、意大利、德国、新加坡、日本、美国、加拿大、法国，为当地华人送去了幽默的相声段子，并获好评！参加了大型情景喜剧"闲人马大姐"的编剧工作，写出了《夜伴麻将声》《节水冠军》《群众演员》等二十余集。参演的影视作品有：《唐明皇》《编辑部的故事》《闲人马大姐》《税务所的故事》《笑笑茶楼》《地下交通站》《事故科的故事》《本地媳妇外地郎》《少年大帅》《冰酒窝》等。同时，在 2014 年拍摄的电影《笑神穷不怕》中饰演男一号朱绍文；2015 年电视剧《龙号机车》中饰演罗伯特；在 2016 年电影《莎姐日记》中饰演反一号马明亮；在 2016 年电影《乔迁》中饰演男一号马常德。

和其他受访者不同，武宾样貌极其普通。通俗地讲，是属于那种"扎人堆里绝对找不着的主"。但是他给我留下非常深刻的印象。面对我的提问，他不兴奋、不慌张，似乎非常平淡地在那儿侃侃而谈，把他生活中的一点一滴、亦喜亦悲的故事分享出来，让我们见识到一个有血有肉、有追求、有理想的实实在在的相声人。

　　武宾："从小我就喜欢说相声。学校里一有什么联欢会啊，或者组织什么活动的时候，我就争着去表演。所以说从小就有这个情结在那儿呢，因为我们小时候那会儿没什么业余文化生活，除了疯玩儿，就是守着收音机，打小喜欢听每天晚上七点钟中央广播电台播的那个相声和轻音乐节目。就喜欢听姜昆老师、侯耀文老师、马季老师的相声，他们对我的影响特别大。"

　　那个时候的武宾还不知道相声到底是个什么东西，只知道它是一种能带给人欢乐的节目。后来长大了，进入相声专业领域，经过系统学习之后才知道，相声是一种使人发笑的语言类艺术形式。

　　武宾："1984年我初中毕业，那个时候正赶上曲艺团招生，招的正是说相声的，我就觉得挺好玩，就去了。结果考了五回试，还培训了一个星期，就这么着把我录取了。当时就录取了三个人，我是其中之一。那会儿老师对我的评价是，哎呀武宾呢，孩子长得比较正，你要说是说相声的料吧，倒一眼还看不出来，倒是声音很有特点。所以就因为我的声音条件还行，就给我招到北京市曲艺团了。"

　　那个时候的相声讲究拜师学艺。武宾以学员的身份进入北京市曲艺团之后，就拜了李建华为师。不仅如此，当时曲艺团所有知名的老先生都教过他们这批学员。武宾觉得这对自己来讲，简直是一种天大的福分。与他有着同样感受的是他的搭档李伟建，虽然他比武宾还小一岁，但是因为入行比较早，在相声界的辈分上，算得上是武宾的师哥。

　　武宾："我们当时进曲艺班的时候，基本上就分了谁是捧哏谁是逗哏。

你比如说我和李伟建，他打小学的就是逗哏，那么我们从身高、从外形、从体重等各方面来比较的话，老师就说我适合捧哏，就专门给李伟建当捧哏。那会儿我们这叫拴死对儿，就是不允许你再跟其他任何人合作啦。这就跟结婚的小两口似的，给说完媒以后，就结婚在一起，所以我俩合作到今年整三十年了。"

相声最早起源于京津地区，时间大概是在同治年间，距今约有一百多年的历史。是由民间说唱曲艺演化发展而来，后又融入模拟口技等曲艺形式，在形成过程中广泛汲取说书等艺术之长，寓庄于谐，以讽刺笑料表现真善美，以引人发笑为艺术特点，以"说、学、逗、唱"为主要艺术手段。以上这些相声的基础知识，都是武宾在进入曲艺团之后逐步学习到的。谈起心爱的相声专业，他可是如数家珍。

武宾："我们常说相声讲究'说、学、逗、唱'，'说'其实指的是叙述和涌说贯口等，那口齿必须清楚，每个字都必须清楚地传到观众的耳朵里；'学'指的是模仿方言、模仿表情，要学唱小调、大鼓、京剧、评剧等等；'逗'呢，指的是引人发笑的一些技巧；'唱'可不是我们今天所说的唱歌，它指的是唱太平歌词。那这太平歌词又是什么呢？它其实是从莲花落中演变而来的一种旋律简单但韵味浓厚的艺术形式。"

照理说，对相声颇为狂热，功底又扎实的武宾，应该早早就在相声界占有一席之地，现实却让他经历了近十年不温不火的尴尬期。

武宾："1987 年，我 19 岁，毕业后就成了曲艺团的正式演员。第二年，我和李伟建就参加了第二届全国专业相声大奖赛。我们那会儿和谁在同台竞争呢？这说起来特别有意思。那会儿讲抽签，一台 7 个相声节目都抽签决定。我们抽的是第 3 个节目，按理说这签儿抽得相当好，可是前边是谁呢，前边是巩汉林老师，他那会儿还不是小品演员，是相声演员。我们后边是谁呢？是牛群和冯巩。这就把我们俩年轻的夹在了中间，所以我们是跟他们去竞争、去比赛。那从艺术上来讲的话，我们肯定是差太多了，因为太年轻了嘛，在驾驭作品的能力上还有待提高。可我们那会儿真是初生牛犊不怕虎啊，硬是在那年拿了个荧屏奖。这荧屏奖实际上就是一个安慰奖，不算什么，所以我们压根就没有进入最后的决赛阶段。从那以后呢，我们就进入一段尴尬期。因为这个说相声的啊，要不你年龄小，八九岁说相声那就是好玩，要不你就岁数大，站在舞台上说什么，观众都会认可，就可信。就怕二十嘟当岁，说大不大、说小不小，你在舞台上说的内容就受局限。再加上我们那会儿学的都是传统相声段子，正规的商业演出，都是上千人的剧场，上去俩小孩说传统相声的话，不现实、压不住场子、观众不爱看。而且那会儿我们还不会创作相声，没有作品，演出相应就很少。团里边也不会安排我们出去，因为那会儿团里边讲承包，承包是和经济效益挂钩的，承包人得找他能用得着的演员。所以我们经历了将近十年的尴尬期。"

1988 年以后，全国就没再举办过专业相声大赛。直到 2001 年，中央电视台举办了大红鹰杯全国相声大奖赛，武宾这才开始觉得机会又来了。

武宾："从 2001 年开始我们俩又开始充满了希望。因为那会儿我们已经积累了十年，十年间不断增长对相声的认识，然后我们开始知道必须要学会自己创作，你没有自己的作品，就不可能和别人去比拼、去竞争。因为相声大赛它要求推出新人、新作品，所以从那时候开始我们有了自己的创作。我们参赛的作品叫《娘家人》，是一个化妆相声，就是李伟建老师一赶三，就是一个人物要饰演三个角色，一会儿是一个老太太的形象，一会儿是一个歪嘴的形象，一会儿是一个孕妇的形象，就这么个作品。相声这个东西看起来容易，实际上真的表演起来的话，要把它独特的魅力和自己的艺术特点结合起来是很难的。说相声张嘴就可以，看起来门槛很低，可是进去之后想把它说好，让观众喜欢你，那可不是一朝一夕的事。所以 2001 年、2002 年连着两年中央电视台搞相声大赛，我们都参加了，成绩也比较稳定，都是优秀奖，没拿上三等、二等、一等奖。那两年的作品一个是《娘家人》，一个是《调个儿》。我们在《调个儿》里边尝试着杂糅了很多其他的东西，比如说舞蹈、歌曲，还有一些舞台形体动作等等，这在很多相声里边是没有的，起码那段时间那种相声里是很少出现的。我们两个年轻嘛，什么也不怕，就打破了一些传统的东西，可是你在比赛当中的话肯定是不会得到好成绩的，但实际演出效果很火爆。"

守着一个不知何时能实现的相声梦，武宾坚持了十年。在这期间，他经历过的沟沟坎坎足以磨灭他的梦想，但是他硬是咬着牙坚持下来了。

武宾："这个尴尬期我虽然演出不多，可是相声没有扔掉。可是我得养家糊口，我得活啊，我每个月的工资就几百块钱，咱甭说娶媳妇，连养活自己都不够，都得靠家里面来贴补。我那时候跟我母亲生活在一起，那我母亲每个月退休金的话就是够吃个饭，我自己那点钱除了够给自己买件衣服，剩下就没有了。所以我得想办法，什么办法呢？就开始跟朋友一块开饭馆，我觉得那会儿开饭馆挺洋气，当个小老板，起码能挣钱，愿望是这个。结果没想到，开了几天饭馆，赔了 6 万块钱。因为隔行如隔山，我对做生意是一窍不通，完全凭着一腔热血。那赔了钱怎么办？都是借的钱啊。我只好把饭馆卖了，去开出租车还钱。开了三年之后，把出租车赚的钱全补开餐馆的大窟窿上去了。这事对我最大收益是什么呢？使我更接地气了，因为我每天从早上 8 点起来到晚上 12 点回家，都得跟人打交道，所以后来我们创作的相声《出租司机》，就是取自我当时的那段生活。"

当自己在专业上还不行的时候，或者说不能很快地通过专业脱贫致富的时候，很多相声演员都坚持不下去了，纷纷改行。武宾也只能暂时放下相声，另谋出路。可是他还是一百个不愿意离开相声舞台，于是他白天开出租车，晚上想尽一切办法去茶馆蹭演出。

武宾："我拉完客人就得赶去李伟建那里排练，7 点钟要演出，我再拉着李伟建直奔茶馆，演完之后，脱下衣服来，开着出租车再去茶馆门口揽活。为什么呢？因为茶馆那儿人多。所以演出结束以后，马上出来拉点活就走。有一次我记得很清楚，有一个客人上车后我问他去哪儿？他一听我的声音就觉得特熟，先看了我一眼，我也不敢说话，他就坐那儿一直看我，我赶紧开车走啊。他就开始问我话，师傅您家里面哥几个啊？我说家里面就一姐姐。他问您没有弟弟或者哥哥吗？我说没有。他就说不对吧，怎么这么像呢？我可不能说刚才说相声的是我，不能这么说啊。"

在生活中摸爬滚打了十年之后，武宾和李伟建凭着相声《咨询热线》一举获得了"2004年北京相声小品邀请赛"一等奖，同时借助这部作品第一次敲开了中央电视台春节联欢晚会的大门。

武宾："《咨询热线》原本是一个朋友写的简单的初本，我们俩一看这个东西好啊，首先是很生活，因为我们在生活里都遇到过这样的事情。就比如说你去银行办业务，你是办信用卡业务？还是办储蓄卡业务？还是需要其他什么服务？各银行分工得都比较细，就是让你拨1、拨2、拨3，就这么来回拨号地折腾，可能'折腾'这个词用得不太礼貌，可是在当时是实情，因为对我们普通百姓来讲，这就是在折腾，对银行来讲，这只是必走的一个步骤，一种程序。我们就觉得这个题材很生活，我们就开始改这个作品，怎么改？不能自己憋在屋里头硬造。所以我们开始每天给各个银行打电话。这么多银行啊，咱们都得打到啊。打完银行打机场，打完机场打其他的咨询，只要是跟咨询有关的电话我们都打，就开始了解它里面到底怎么回事，后来就创作完成《咨询热线》这么一个完整的作品。后来春晚剧组说要改这个作品，哇天啊，我和李伟建就觉得有点不情愿，就好像说我们孩子挺好的，你干吗要动手术啊。后来才知道这个改其实就是压缩时间。因为我们这个作品比赛的时候是将近15分钟，春节晚会怎么可能给你15分钟，你又不是什么大腕。我们两个人只能忍痛割爱，把它压缩成了 2005 年春节晚会上呈现的那段 6 分钟的《咨询热线》。"

台上一分钟，台下十年功，武宾和李伟建还真是用了十年的时间去打磨自己。随着在创作题材的选择和把握上日臻完善和成熟，2008 年，他俩创作的作品《疯狂股迷》再次顺利地登上了央视春晚的舞台。

武宾："2008 年最热门的是什么呢？是炒股，全民炒股。所以说那会儿可能就是一种失衡状态，我们觉得这个东西是一种值得讽刺的现象，所以创作了作品《疯狂股迷》。那时候我们在老舍茶馆演了将近 100 场，所以当时春晚审查的时候我们一次就过了，一路绿灯，就没参加后面的一系列的审查。因为我们这个作品总共 12 分钟结构很完整，无非就是在时间上、节奏上稍微加快一点，连词都没让我们动，把这个作品原封不动、完完整整地在春晚的舞台上展现出来。"

又一次顺利地登上春晚的舞台，让武宾和李伟建开始膨胀起来。

武宾："就是当时觉得我怎么怎么样，也是个人物了啊，就开始不由自主地膨胀起来。这种感觉其实很不踏实，就是一种浮躁。在这种情况下，我们创作出相声《彩铃》，结果让春晚'砰唧'给毙了，当时心理上就有一种落差。完了之后就开始静一静了，就觉得不能这样，还得老老实实地搞一些作品，还得脚踏实地地离老百姓更近一点，创作出有根基的作品。所以之后心态就开始平稳下来了。我们又开始回到茶馆去演出，一个月哪怕给我们安排两轮演八场，我们也演。结果人家就笑话我们说，怎么着你们俩，俩大腕又开始看上我们这个茶馆了？因为当时茶馆的演出费就是简单的几十块钱的劳务费，我们那会儿的演出费已经高达上万块钱了，按理说谁会看上那几十块钱的劳务费呢？可是当我们沉淀下来后就觉得，不行，想自己的相声艺术长久的话，还得回到'生你养你的地方'。"

现在武宾在创作一部作品的时候，开始有了自己的主张。

武宾："我的观点，第一是要离开网络。我不找网络热点、网络笑话，或者是网络上的搞笑趣闻，我可能在看完之后吸收它的技巧，但我不要新闻的内容。因为现在的观众接受事物很快，忘记得也很快，作为相声作品来讲的话，留存不下来是一件很可悲的事情。其实相声发展到今天，包括北京、天津的园子里面说的更多的还是那些过去老先生们留下来的传统相声，真正的新作品、新相声能流传下来的有几个？可以说是屈指可数。所以我就觉得创作不能老躺在传统上面睡觉，我们得想办法把我们这个时期的真正的好东西传递下去。我认为现在的相声必须要戒掉浮躁心理，必须要遵循相声的创作规律。当一个东西需要论证的时候，你就得对它有一个认知深度和广度，同时要吸收其他同行对这个想法的意见，还得保有自己的艺术特性。所以为什么老先生总说相声一定要善于观察生活。什么叫观察生活？观察生活就是我们把一件简单的事情，简单得不能再简单的事情，通过艺术的角度，艺术的眼光，看到它的另一面，把它体现出来，这就是你的观察生活。所以我觉得还是应该踏踏实实地弄一些好的相声作品出来，我相信观众不会受其他因素的影响，还是喜欢相声。为什么呢？因为相声是有传承、有历史的。"

2014年9月27日，"李伟建、武宾笑动三十年"相声专场演出在北京民族宫大剧院拉开帷幕。这是一场迟到了三十年的演出，也是二人等待已久的演出。当晚，他们为现场观众送上自己创作的《咨询热线》《出租车司机》《娘家人》等多部经典爆笑作品。看着台下笑得前仰后合的观众，武宾对自己曾经为坚持所经受的磨难释然了。

武宾："相声到我们这代已经第九代，已经有百年历史了，我相信它的深刻性会变得很强。相声就得靠语言，就得靠智慧，它不像那些在舞台上需要灯光、需要各种道具、需要音效、需要一些其他辅助的东西来展现的艺术形式。好相声是什么？就是我一张嘴，通过我的语言，通过我的表情，塑造出一个人物，让这个人物活灵活现。我们中国的文化博大精深，在相声上面可以体现出来。因为我们中国的语言文字非常丰富，一个字、一个音，可以是这个意思，也可以变成多音字显出另一个意思，产生另外一种效果。我不是在王婆卖瓜自卖自夸，这是我们老祖先留下来的老玩意儿，我们得好好地珍惜。"

电影人生

第三辑

为了电影的不朽

丁荫楠：1938 年 10 月出生于天津，毕业于北京电影学院导演系，中国内地著名导演。曾任广东省话剧团导演，执导过大型多幕话剧《南方油城》，后调入珠江电影制片公司任导演，现任中国电影艺术家协会副主席等职。1979 年与胡炳榴合作执导的电影《春雨潇潇》获文化部青年优秀创作奖；1988 年被授予广东省职工先进生产（工作）者称号；1991 年享受国务院政府特殊津贴。2005 年在国家隆重纪念中国电影百年系列活动中，被国家人事部、广播电影电视总局授予"国家有突出贡献电影艺术家"荣誉称号（全国 50 名）。2011 年丁荫楠与儿子丁震联手执导根据北京市优秀社区民警左利军的真实事迹创作的电影《左利军》。2014 年丁荫楠在亚洲微电影艺术节中获得亚洲微电影艺术节最具影响力人物奖。12 月丁荫楠担任中国国际微电影盛典（2014—2015）评委会主席。2015 年 12 月 7 日，获第二届广东文艺终身成就奖。9 月 10 日作为总导演，由儿子丁震执导的电影《启功》上映。导演的电影作品有《春雨潇潇》《逆光》《他在特区》《孙中山》《电影人》《周恩来》《黄连·厚朴》《相伴永远》《邓小平》《鲁迅》《启功》《商旗》《重生》；编剧作品：《电影人》。2015 年丁荫楠获第二届广东文艺终身成就奖；同年，在北京国际电影节上，电影《启功》获民族电影展"最佳故事片"金杉叶奖；2011 年京剧故事片《响九霄》获得了金鸡奖最佳戏曲片奖；2003 年电影《邓小平》获第 26 届大众电影百花奖最佳故事片奖，第 23 届中国电影金鸡奖故事片特别奖，第9届中国电影华表奖优秀导演奖，第9届中国电影华表奖优秀故事片二等奖；2001年电影《相伴永远》获第21届中国电影金鸡奖最佳故事片奖；1987年电影《孙中山》获第7届中国电影金鸡奖最佳导演奖，第7届中国电影金鸡奖最佳故事片奖，第10届大众电影百花奖最佳故事片奖。

"我小时候是个穷孩子！"这是丁荫楠导演对我说的第一句话，也是最打动我的一句话。作为中国"第四代"电影导演，丁荫楠怀着诗人般充沛的激情，先后创作出可命名为"中国伟人"三部曲的电影：《孙中山》《周恩来》《邓小平》。是他，第一个走进了这三位"中国伟人"的精神世界，以一种恢宏的时代感和史诗般的气质，将历史人物传记影片打造得独树一帜。

丁荫楠："我为什么要做人物片呢？为什么要做传记片的导演呢？其实这是慢慢形成的。刚开始的时候，我也是启用明星拍青春片，走拍摄恋爱故事的路子。但是有个非常巧合的机会，我们厂长叫我去拍孙中山。在做《孙中山》这部影片的三年当中，我发现中国当年之所以不亡国，是因为有一批精英在支撑着。那么受帝国主义的压迫，那么受外国人侵略，我们流着眼泪过了一百年也没亡国，最后终于成了今天这个局面，就是因为一代代的精英人物起的作用。他们是精神领域的精英、政治领域的精英、文化领域的精英，各种精英荟萃，所以我就觉得表现他们是我的一种使命。我可以从他们身上得到很多东西，他们怎么会有那么优秀的品质？怎么会变成这样优秀的人？把这些东西搬到银幕上给观众看，观众就会对照自己，我觉得这是非常有意义的一件事。作为艺术家，就是要用你拍的片子感召大家，带给大家反思。"

电影《周恩来》是丁荫楠继影片《孙中山》之后拍摄的又一部伟人电影，它以周总理一生最后十年的奋斗历程为主线，运用大量的时空交叉镜头，再现了周总理为国家鞠躬尽瘁、死而后已的人格魅力，把一个真实的总理从中南海带到了老百姓的面前。影片上映后，不仅创下全国票房超过两亿元的佳绩，同时还获得当年的广电部优秀影片奖和第十五届《大众电影》百花奖。在这部影片里，丁荫楠将自己对艺术创作的高标准和对真实的严要求推向极致。

丁荫楠："生活的真实是基础，没有生活就不可能真实。在生活当中提炼出最能表现的那些细节，不用夸张，你只要提炼就行了。你从一百件事情当中，挑出四五件最能展现人物内心的、性格的东西，那么这个人物就立起来了。至于你提不提炼得出来，那得看你自己的办法了。提炼出来以后，就从中选择，这个选择就是你的眼光、你的水平、你的哲学概念、你的技术、你的角度，选择好这些细节，就把总理的形象一下子凑出来了。"

影片《周恩来》的筹备、拍摄过程是丁荫楠导演生涯里最为难忘的一页。为了塑造真实的伟人形象，丁荫楠在中共中央文献研究室的楼上整整研读了三个月的资料。浩如烟海的素材令他感到茫然，但是画册里几个钢笔字"人民心中的总理"突然令他豁然开朗。于是，这便成为这部影片所要传达的主旨。为了让伟人走下神坛，展现其宽广的胸怀和不同凡响的胆识与智慧，丁荫楠启用演员王铁成来饰演周总理。而王铁成也不辱使命，恰如其分地将一个真实、无私、细腻、隐忍的中国总理形象刻画了出来。

丁荫楠："王铁成是个好演员，他有技术，会表演，会调动自己的内心，情绪感觉都准确。还有就是他对这个拍摄任务充分的理解，怀着一颗崇敬的心。要知道饰演这样一个伟大的人物，不能对这个人无所谓，要从心眼里有崇敬之情，才能从大量的纪录片里仔细观察，得到答案。同时我们的外在包装，从化妆、服装颜色，到灯光、布景场面，都在帮助演员塑造形象。"

在这部影片里，丁荫楠将自己在艺术创作中所追求的严谨和认真的态度展现得淋漓尽致。

丁荫楠："为了一场戏，我跟道具组的人打架，跟他们拍桌子。这你听说过吗？就因为总理喝茶的茶碗不对。当时道具人员说你就这么拍吧，他不明白这茶碗跟人是有直接关系的。但我作为导演，告诉你，这个茶碗搁在这儿必须是周恩来的茶碗，你弄一不是的，拍摄出来以后，观众会莫名地走神。周恩来的茶碗上有棵松树，而道具人员给弄了一个兰花杯子搁那儿，这马上就跳戏了。因为那时候所有剧组拍皇宫里皇上的戏，用的都是那种兰花杯子。所以搁那儿观众不走神才怪了呢！拍戏其实是严丝合缝的，好多人不明白这个道理，就是道具、服装、化妆是一体的，演员这一身的装饰就是人物性格决定的，每一个人物之所以成为他自己，那是因为他的文化、经济条件、父母的教育，他自己的爱好、文化底蕴等这些，他才变成这样的。你非要给他弄一个似是而非，这就不对。"

《周恩来》是丁荫楠独立执导的第四部影片，这一年他已经 51 岁了。1938 年，丁荫楠出生在天津一个富足的大户人家，7 岁那年的一场大火让他的家瞬间灰飞烟灭。

丁荫楠："我两岁的时候父亲就死了，接着我奶奶也死了。我奶奶故去，家整个败落。后来 1945 年的一场大火，把我们家都烧光了，我们家当年的产业就在天津的一条街上，开的是殡葬用品店，就是做出殡时打的那个幡啊，纸扎的花轿呀，全是做这些个东西。结果一把火全给烧没了，家族就败落了。"

从此，整个家庭的重担都落在了母亲一个人身上。但是生活的困苦并没有磨灭这个家庭的坚强意志。乐观、刚毅的母亲在带着丁荫楠兄弟俩为生活奔波的同时，没有一刻放松对他们的教育和引导。

丁荫楠："我哥哥是非常喜欢艺术的，抗战时期，他组织了怒吼剧团，和现在好多老演员都认识。他经常带我去看戏，尤其是天津人艺的戏，这给了我很多熏陶。不仅我喜欢，我母亲也非常喜欢，因为我母亲是邓颖超的同学，都毕业于天津女子师范学校。如果说在艺术上我受了谁的影响，那应该是受我母亲和哥哥的影响吧。"

为了尽快帮助母亲赚钱养家，初中毕业后，丁荫楠进入钢厂做了工人。

丁荫楠："没办法，我初中毕业以后家里很困难，那我只能当工人去了，到天津钢厂做装卸工，用大铲子铲那些白云石啊、矿石啊往高炉上送。当时我妈看我样子很惨，每天回来都是一身的粉尘，鼻子、眼睛、耳朵里都是粉尘。我妈说这孩子要坏了，这样不行！她特别明白"近朱者赤，近墨者黑"的道理。于是就叫我的姨姐在北京医学院给我介绍了个工作，这样我就去了北京，在北京医学院做化验员。"

安稳但却枯燥的化验员生活令丁荫楠感到窒息，看戏和读书占据了他工作之余的全部生活。在此期间，他阅读了大量的人物传记并喜欢上了话剧表演。通过自己的努力，他不仅进入了北京市业余话剧团，后来又报考了总政话剧团。

丁荫楠"50年代的北京市人的心特别安静，充满了热情，充满了理想。我受到这个感染，培养了一种情趣，就是在看戏前我都要沐浴更衣，不能给人一身汗味。因为我进入的是艺术的圣殿，得到的是艺术的享受。"

1961年丁荫楠如愿考入北京电影学院导演系。第一次接触到电影艺术的丁荫楠仿佛一下子找到了理想的归宿，电影极大地激发了他的创作热情和艺术潜质。

丁荫楠："大学给了我很大的支持和帮助，焕发起我对艺术的崇敬心理，尤其是从小建立的一种对艺术的畏惧感。就是一定要搞得精彩，影片出来不能随意。那时候我们养成的心境是崇高的，觉得自己干的是伟大的事，我们是灵魂的工程师。"

1972年丁荫楠进入珠江电影制片厂，厂长对这个热情、充满干劲儿的小伙儿非常满意。经过一段时间的考察，觉得丁荫楠真的是一个对艺术充满敬畏之心，对电影创作充满热情的年轻人。于是便将厂里的第一部伟人影片《孙中山》的执导权交给了他。

丁荫楠："我们厂长非常支持创作。先拿六万美金给我，让我们沿着孙中山的路走一遍，看能不能搞，看我们有没有本事搞。我就带着我的制片主任、美术还有摄影，沿着孙中山走过的路再走一遍，从香山一直到澳门、上海、檀香山，再到美国、日本，转了一圈。结果回来以后呢，拍电影的钱不够了。因为我们走了一大圈花了很多钱。结果还是我们厂长厉害，让我们先拍五种样片，拿到北京去找电影局。结果我们就拍了五本样片拿到北京去，结果当时的部长和局长看了我的样片，说，嗯，中央领导让拍出和我们民族相衬的电影，我们就用这部电影回答领导的要求。"

就这样，丁荫楠用实力赢得了高达数百万的拍摄资金。最终电影《孙中山》以宏大的历史背景、抒情的表现手法，赢得了观众的认可，同时也让导演丁荫楠翻开了电影创作生涯里崭新的一页。

丁荫楠："拍《孙中山》的时候，有人就说，能不能从宋庆龄的角度带入，你要是直接拍他本人这怎么弄？最后我发现了，孙中山是不断地经历起义失败后，才当上了总统。完了以后，又经历了一个个战友的死，最后连他自己也死了。整个就是一个人间悲剧，是呈一个半弧形。你写领袖，你不从他那儿写，写谁？写别人都没用，就得写领袖他自己。生活中大量的素材你去提炼，哪个最能表现他的性格、思想、哲学，那些地方找准了，他就能够站出来。最重要的一点是，我在再现这个人物的时候有一种崇敬心理，一种恐惧心理。就是我一定要搞好，不能搞砸了。你挖掘出来的东西是不是他的，这必须得准确地再现历史的真实，再现人物的真实，要不然就不要叫这个名字。"

可以说，没有谁能像丁荫楠这样，在人物传记影片这一艺术领域进行过如此富有个性的创造和探索。从电影《孙中山》《周恩来》《邓小平》到《鲁迅》，在一系列与历史巨人的精神会晤中，丁荫楠始终尝试着用一种契合于主流文化，又不乏艺术个性的创作视角对历史进行着解读和阐释，力图将自己的主体判断与情感，以及对历史的反思融入影片的叙事之中。而他作为一个由底层社会走出来的穷孩子，以他的个人奋斗和独特的经历，把个人对于中国社会的"沧桑"感熔铸于他所创造的伟人生涯的表述中。

而今天所谓的大制作影片，往往缺乏这种让苦苦挣扎与奋斗的观众感同身受的人生智慧和情感厚度。那么，我们应该向以丁荫楠为代表的中国第四代导演们学习什么呢？

正如丁荫楠在中国电影百年华诞之际的感言中说的：

"我依然，保持着对电影的痴迷与崇敬之心，就像第一天踏进北京电影学院大门时的心情一样。

我依然，崇拜着为中国电影的发展与进步做出不朽贡献的一个个光辉的名字。

我依然，沉醉于创作的冲动之中而没有丝毫虚情假意。

我依然，怀着极大的好奇心，去发现不断更新的电影理念，紧跟上迅跑中的电影脚步。

我依然，不会忘记在我的电影生命中，一次次给过我帮助与合作的国家领导人、投资人、艺术家、专家及许多朋友们。

我依然，走在通往外景地、摄影棚、剪接室、录影棚、电脑特技间、试映厅的道路上……"

金戈铁马情

　　李前宽、肖桂云：中国影坛第四代导演中的重要人物。先后毕业于1964 年、1965 年的北京电影学院美术系和导演系，毕业后被分配到长春电影制片厂工作。他们是中国影坛合作时间最长、最默契、取得成就最多的夫妻导演。四十多年来，他们共拍摄电影 14 部，电视剧 6 部。夫妻二人联手拍摄的《开国大典》《重庆谈判》《七七事变》《决战之后》等一系列重大历史题材影片，分获 2 个金鸡奖、3 个百花奖、4 个"五个一工程奖"和 5 个华表奖。

　　1949 年的 10 月 1 日是一个与众不同的日子。这一天，身穿中山装的毛主席站在天安门城楼上，庄严地宣布："中华人民共和国中央人民政府成立了！"这一声饱含深情的宣言，标志着中国历史新纪元的到来。从此中华民族饱受屈辱和压迫的历史结束了！中国人民站起来了！

　　这是电影《开国大典》中最精彩的一幕，而将这一伟大历史时刻捧到全国人民面前的，就是著名的电影导演李前宽和肖桂云。

　　李前宽："当时在拍淮海战役的时候，我就盼着，什么时候我们电影人能扛着摄影机跟随着南下大军，打过长江，打到南京，然后一路走来，在天安门前升起五星红旗，建立共和国。我说这个史诗的画卷什么时候能够拍成电影？那可就太牛了，我当时就有这样一个梦想。"

八年后的 1988 年夏末，著名作家张笑天的电影剧本《开国大典》被长春电影制片厂定为中华人民共和国成立四十周年的献礼影片。李前宽和肖桂云夫妇非常幸运地接到了拍摄该片的任务。然而，对于拍摄这样一个重大历史题材影片，有太多的困难实实在在地摆在了他俩的面前。

李前宽："当时好多人说，哎呀这片子你俩别拍了，有名有姓的历史人物就有 138 个，这怎么拍啊？里边涵盖了东北战场、华北战场、渡江战役，百万雄师过大江，天安门前最后的典礼……怎么拍啊？哎，你们俩啊，别尽想着踢足球呢，结果球还没踢进呢，却把脚脖子给崴折了。这闹不好还是个大杂烩，千万别拍啊！好心同事就这么提醒我们。"

肖桂云："当时我们的影片成本只有 500 万，可要搭个天安门的景就得要 500 万。况且搭建的天安门比真实的天安门缩小了好多倍，搭建周期还特别长，怎么也得一年半载的。可我们影片的拍摄时间只有半年。"

短期内要拍摄出这样一部宏大的、史诗般的历史影片，这对任何一位电影人来讲，似乎都是一个不可能完成的任务，也是一个无法实现的挑战。然而，李前宽和肖桂云恰恰是那种面对困难和挑战绝不气馁的人。

李前宽："最后我们寻找到一种手段，就是把 1949 年开国大典的历史记录镜头，和我们拍摄的表现性镜头相结合，形成一种新的电影元素，升华出一种新的感觉。"

肖桂云："因为历史资料片它最真实，是当时记录下来的，它的这种真实性能够把观众带到剧情里边去。另外我们还想化腐朽为神奇，让它产生另外一种感觉。所以我们把这些历史记录镜头非常均匀地撒到电影里边，一段时间来一点，而且是从我们拍摄的彩色镜头，慢慢过渡到黑白历史镜头，让你在不自觉中就进到我们创造的这种独特的氛围里边去了。"

1988 年 11 月 11 日《开国大典》正式开机。在短短的几个月时间里，李前宽、肖桂云夫妻俩带着摄制组先后辗转全国 12 个省市，动用了 15 万人次的群众演员……在整个剧组人的眼里，夫妻俩简直就是亢奋到不知"累"字怎么写。然而，谁也无法了解和体会李前宽和肖桂云的感受，他们历尽千辛万苦，为的就是要塑造出不同于以往的领袖形象。

肖桂云："我们就是不想简单地让人感觉毛主席就是伟大，蒋介石就是坏。因为这样就太简单了，太常规了。过去大家都看到过这些形象，那么新时期呢？我们创作的范围更加宽泛了，表现的内容更加丰富了，我们就应该借助这个环境和条件把人物塑造得更加丰满、更加细腻、更加深刻、更加生活。因为扮演毛主席的演员——古月，他并不是一个专业演员，之前也没有演过更多主角的戏。就因为长得像主席，所以过去演主席的时候，就在离镜头远远的地方插个手啊，挥挥手啊这样，他把主席的那个腔调和主席的一些动作，比如说挥手、叉腰，都学得挺像，台词拿捏得也都还不错。但是在我们的电影里边，我要求主席和同志们得面对面讲话，而且还得边走边说，不能像做报告似的讲话，也用不着挥手前进，因为这也不是打仗。所以当把这样一些装模作样的镜头都打掉了以后，人物的感觉就舒服多了，就不会让你感觉装腔作势。这样就得一点点地把所有地方都抠细致了，人物的每一个眼神，每一个动作都要准确无误，最后连起来以后，这个人物才丰富多彩，才让人觉得与众不同。"

李前宽："天安门城楼上主席宣布'中华人民共和国中央人民政府成立了'的那场戏，我们用灯笼、红旗、漫天礼花等营造出氛围，目的就是让我们记住那些为共和国献身的人们，他们就是用自己的鲜血铺下了共和国国旗的鲜红色。正是因为有着这样一种思想才能营造出这样一个画面。我们用一种诗情的处理，让观众能够感受到作为艺术家对这些为共和国献身的人们的那种崇敬之情，同时也传达了人民没有忘记他们，人民英雄永垂不朽。"

李前宽、肖桂云的《开国大典》就像他们在自己的"战斗"中孕育的孩子，在拍摄的艰难困苦中呱呱坠地，一举囊括了当年的金鸡奖、百花奖、政府优秀影片奖、亚洲十大名片奖等八项大奖，创下了最高拷贝的纪录。这部影片也让李前宽、肖桂云引发人们越来越多的关注。随着影片的热映，人们不由好奇，这对儿被业界称为拼命三郎的银幕伉俪，究竟是怎样走到一起的呢？

李前宽："我当时毕业的时候，报了几个学校，鲁迅美术学院、北京电影学院，飞行员学校也报了，但最后我还是到了北京电影学院。学的专业是电影美术，因为我爱画画嘛。当时还没想当导演啊，表演也不行，因为我自己长得不太负责任，所以就报了美术专业。那是 1959 年，电影学院成立的第一个舞美班。"

肖桂云："1960 年那一年对我来说真是太幸运了，电影学院过去从来没有在哈尔滨设过考点，一般来说都是在沈阳、天津那边设考点的，在哈尔滨这是头一次，正好让我赶上了。如果不是这样的话，我到北京去考可能还有点困难，一个我是女孩儿，爸爸妈妈不可能让你一个人去，再说家里边因为子女多，生活也比较拮据，所以好像这种可能性不大。而在家门口设点招生那我就有机会了，后来我就报考了导演系，专业是电影导演，居然考中了。"

看似两个毫无瓜葛的男女，在人生最浪漫的时节，在电影学院这个充满朝气和梦想的地方，在缘分的巧妙安排下，自然而然地相识了。

李前宽："肖桂云她漂亮，东北人，一看傻乎乎的挺实在，这样的女人还上哪儿找去？追！就这么简单。"

肖桂云："前宽特别好的地方就是他有想法。当时他非常含蓄地说了想和我在一起，我说现在不可以谈，因为我还有自己的安排呢，结果他都能够尊重我的意愿。另外，他没有因为我的拒绝就记恨我，再不理我，不跟我说话。他显得非常大气，在众人面前跟我见面的时候，也不像有些人那样鬼鬼祟祟、偷偷摸摸地找个什么犄角旮旯儿的，所以这一点给我留下很深的印象，我觉得他是一个除了爱情之外的，可以深交的好朋友。后来李前宽说，哪有爱情之外的朋友？爱情就是爱情。我至今为止还没有见过，像他这样对待感情的这样一种态度，所以印象极深刻。而且他热情，干什么事都像一团火似的。他那时候是文艺活动积极分子，追求我的方式也不一样，比如说我们食堂每周六就安排跳舞联谊，我们原则上是跟自己班的男生跳舞，不跟外班人跳。结果他一进门，看我在那儿，老远就叫'我请你跳舞'，整得大伙都听见了，别人还没起身呢，他已经过来了。所以他这种大方吧是别人做不到的，他有东北男子汉的那股劲儿。"

除了个性、气质上的相互吸引，共同的志趣爱好，使李前宽和肖桂云在心灵上获得了极大共鸣。电影学院毕业后，两人先后被分配到了长春电影制片厂。从此，一个干美工、一个做导演，开始以各自不同的方式实现他们的电影梦。1980年，李前宽接到了专门为自己创作的电影剧本《佩剑将军》，这部影片成为夫妻俩首部联合创作的电影作品。

李前宽："我们夫妻俩合作，算是不谋而合。当时她都拍了三部戏了，都是当导演，人家比咱牛啊！她是电影学院导演系的啊，我可不是啊，我那时候还只是个副导演。当时有个规矩，副导演第一次做导演导戏的时候，不能一个人来。我们那时候是先给三部戏做场记，两部戏做副导演，然后联合一部戏做导演，最后才让你单飞。当时《佩剑将军》的作者就说这部片子只有李前宽能拍，我就是给他写的。可是我当时没有资格拍啊，所以组织上说，这样，联合导演，你得和老导演联合。那谁是老导演？肖桂云是老导演啊！所以你看《佩剑将军》的字幕嘛，肖桂云带着李前宽。"

肖桂云："《佩剑将军》这个剧本我们看了以后都很喜欢，觉得这两个共产党员，在互相都不知道对方身份的时候，为了淮海战役，牺牲了自己很多个人利益，甚至连女儿都牺牲了，为淮海战役的序幕打开了徐州北大门。所以像这样一些故事，特别激励我们，我们觉得要是把它搬上银幕，让更多的人了解这个事情该多有意思。所以我们就这样做了。"

第一次当导演，李前宽就展现出他对大场面的掌控力。他胆大、心细、充满才华。这一切不仅深深打动了肖桂云，同时也获得了业内人士的充分肯定。

肖桂云："《佩剑将军》的尾声，我们设计的是起义队伍和南下的部队擦肩而过。这样一个场面我们可以选择动用 400 人、1000 人或 2000 人，因为是擦肩而过，也没有什么大的场面。但是当时李前宽决定动用 10000 人，环境重新选。结果场景四边都没有村庄，也没几个人，这可把制片主任给吓得够呛，觉得这得上哪儿找人去？好在一些围观的观众，他们穿的衣服跟 1949 年初相差无几，所以拍出来以后场面显得特别大。后来就因为这部戏里的大场面，在我们厂里算是奠定了我俩能拍大戏的这样一种感觉。就有些同类型的戏呢，作者也都愿意给我们，责任编辑也主动给我们找，领导也给我们安排，就形成了一种好像我们只能拍重大历史题材影片似的。其实我们涉猎的题材很多，范围很广。"

预算只有 50 多万的《佩剑将军》，自 1980 年开拍到 1981 年放映，只用了 50 多天。如此紧张的拍摄周期，打仗一般的拍摄节奏，不仅没有使这对银幕伉俪手忙脚乱，反而展现出两个人在艺术创作上的高度默契。

肖桂云："前宽这个人呢，干什么事都比较执着。这种执着的精神，是我通过多年跟他相处之后感觉到的。有这样一种精神还是很不错的，因为能干成事。就是不管你有什么样的困难，他想尽各种办法也要达到目的，而不是说有点困难就退缩了。所以我觉得他在精神这方面对我的支持还是非常大的。当我们遇到困难的时候，我就问他行不行？他说，没问题！所以'没问题'是他的口头语。"

李前宽："那么这个戏完了以后，领导说，李前宽，你可以单飞了。我说就别分了，这样挺好的。我对肖桂云说，咱们俩两个脑袋总比一个脑袋强。另外，我确实也尝到点甜头。因为我这人吧，特糙。而我爱人肖桂云她考虑问题周到、细致。拍戏很细致，抠演员表演也细致。另外咱还有点私心不是？我自己平常穿衣吃饭啥的，还不是得有人帮我照料。她在我身边这不是挺好嘛。咱那时候不像现在的名人，有经济人、助理一大帮跟班的，咱可是合理合法的老婆跟班。我跟她班、她跟我班，这样互相有个照应。我就说不分，咱们就这么搭着伙干下去吧。所以从那以后，我们俩就没拆班。"

此后，李前宽和肖桂云一年一部戏地连续作战，几乎每一部都是大手笔、大场面。继《开国大典》之后，二人又先后将《重庆谈判》《七七事变》《世纪之梦》等重大历史题材影片摆在了观众面前。

李前宽："我们的历史事件本身就是可歌可泣的，是很悲壮的，是具有英雄交响诗般的历史。那么在这样一个历史面前，我们作为电影人，作为文艺工作者，我们实际上是在看历史、学历史。在了解历史的过程中，发自内心地对历史上的那些英雄豪杰、那些共产党人、那些前辈、那些在硝烟战场上倒下去的战士，产生一种崇敬之情。这些人是伟大的，他们为了让更多的人活下去，牺牲了自己的性命。所以我觉得我们有责任、有理由，把他们、把这种精神风采，通过我们的努力和艺术塑造表现出来，让更多的人跟我们一起去追寻、去仰望、去怀念。把他们的形象永远刻在观众的心里面，这就是我们唯一能够做的。"

1992 年，一部反映解放大西北题材的剧本再次摆在了李前宽和肖桂云夫妇的面前。看完剧本后，李前宽非常激动。

李前宽："1949 年的时候，我们共和国还没完全解放。当时党中央毛主席有一个战略部署，一个是西北，一个是西南。西南是贺龙、刘帅、邓小平到大西南剿匪。而决定进军新疆，是要在战略上控制住西北。当时的部队，枪支弹药、行军补给那都是人拿肩扛，没有机械化啊。他们翻过祁连山，走过戈壁，来到天山脚下，和新疆各族儿女，包括屯垦戍边的兵团人一起保卫新疆。我觉得这个战略部署太伟大了，太了不起了。所以当时新疆维吾尔自治区党委邀请我和我爱人肖桂云导演一起把这个题材拍出来，我们明知道这个任务是艰巨的，但我们想，我们面对的困难，比起当年第二军进疆，那就不能说难。他们那才是难，新疆的和平解放是他们用生命作代价换来的，所以我们当时二话没说就决定接受拍摄任务。"

李前宽和肖桂云这次要做的，是同时套拍电影《金戈铁马》和电视剧《明月出天山》。开拍前，夫妻二人不遗余力，走访了当年二军的一些老战士和他们的家属，掌握了第一手资料。为了更好地完成拍摄任务，他们甚至找到了王震将军的办公室。

李前宽："为了这个题材啊，当时我们还去了中南海，到了王震将军的办公室，就和王震将军聊。开始王震将军还不同意拍这个戏，他说哎呀多表现战士吧，多表现毛主席呀。我就说上边表现毛主席，下边表现战士，就中间把您给抠出来了，那怎么成呢，那还叫电影？那就没法拍了！整部戏里没有一个指挥官带部队进疆，那我们还拍啥？我就在那儿跟他掰扯这些个，他听了就笑。" 获得王震将军的首肯之后，李前宽和肖桂云就带着摄制组来到了大西北。从寒冬腊月到盛夏酷暑，从雪山冰峰到戈壁沙漠，冰火两重天的滋味让夫妻二人至今记忆犹新。

肖桂云："新疆那个地方，冬天天亮得比较晚。早上5点多钟天还没亮，我们大伙就起床了，一直拍到太阳落山我们才回来。我拍了这么多年的戏，受过的苦都没有像新疆这样苦过。新疆还特别地的大，拍摄地距离太远，我们那车是破车，四处漏风，丁零当啷地响一路。到了拍戏地点，就得一整天都窝在雪地里面，脚的温度把鞋周围的雪都给融化了，然后沁到鞋里面去，那袜子全是湿的。那个破车还没有暖气，一路上脚都已经冻得半僵了。回到驻地赶快把袜子和鞋搁到暖气上烤，可还没等烤干呢，第二天又开始了。就这样周而复始的日子在那儿过了好几个月。"

李前宽："我们的演员里有一些年轻的女兵，一开始到拍摄地就受不了，有的孩子每天早上还在那儿哭。我们在新疆的那些日日夜夜，应该说真的是非常艰苦。"

肖桂云："特别是拍 16 集的电视剧《明月出天山》，那真是苦不堪言。但是大伙儿没有被这种苦压倒，而是一直在非常玩命地认真对待每一场戏。"

在新疆拍摄期间遇到的困难，使李前宽和肖桂云深刻体会到，当年为了革命事业将青春和热血洒在大西北的革命战士的不易。因此，为了烘托出影片所要传达的情感，李前宽费尽了心思。

李前宽："《明月出天山》中有一段戏，我觉得这段戏得有歌。就是我们当时的女兵都很年轻，都是十六七岁的样子，有的只有十四五岁。她们跟着大部队进疆过祁连山的时候，死的死、倒的倒，但是她们还是背着行李跟着大部队往前走。我觉得这些年轻的女兵在她们生命中最美丽、最灿烂的岁月，把一切奉献给了艰苦的革命事业。实际上你问问她，什么是革命？革命的目的是什么？她未必能回答清楚。但是她知道，我参加了革命，我是个战士，领导让我干什么我干什么，指哪儿我打哪儿，这就够了。她在一步一步地前行，在艰苦的道路上爬雪山、过沙漠、穿戈壁。所以我觉得这时候的情绪和情感，不需要再用语言来烘托了，再用任何语言都是多余的，应该写首歌，让歌曲来抒发、烘托情感。我要的是一个词写得非常好、曲子旋律也非常精彩的歌曲。后来就用了贺东久作词，张千一谱曲，李娜演唱的这首《雪恋》。在录音棚录的时候，我说你再悲怆一点，李娜很聪明，一下就领悟到了。所以在剧中，当大部队战士过了祁连山，前路还是茫茫无边的时候，背景中一个淡淡的旋律引出了一个女声，李娜开始演唱，'从很远很远的地方来，你是不是已经很累。穿着素洁的白衣裳，赴一个无花的约会……谁家少年踏春来，折下枝头红玫瑰。'李娜在唱这首歌的时候，我就感觉到战士们的那种圣洁。他们用渺茫去赴一个无花的约会。什么约会？不知道。这个约会是革命的约会，革命是什么样的？什么时候到头？不知道。但是来了，来赴一个无花的约会。这个时候再上大的弦乐，一层一层往上铺，哎呀这首歌太好了。"

几十年来，李前宽、肖桂云夫妇无论经历怎样的艰辛，始终保持着高质量的创作水准。在还原历史真相的基础上，塑造出一个又一个鲜活、伟岸的历史人物形象，实现着心中深埋的电影强国梦。

李前宽："创作是艰苦的，拍戏是艰苦的。但是我觉得这一路走来，我们依然还是在赴一个无花的约会。正像做梦一样，我们中国电影也要做强国梦。而电影本身就是造梦的工程，电影人就是造梦的人。我们不去做梦，那谁还去做梦？"

无罪

　　王洛勇：中国内地戏剧演员、影视演员、导演、编剧。美国麻省艺术学院教授、上海戏剧学院音乐剧中心主任。在美国留学期间因 6 年连演2478 场音乐剧《西贡小姐》而成为蜚声国际的百老汇华裔表演艺术家，获得美国福克斯演员奖最佳男演员奖。其精湛的演技使他享有"百老汇华裔第一人"的美誉，《纽约时报》等媒体赞其为"百老汇的百年奇迹"，"填补了百老汇历史上没有亚洲人演主角的空白"。其主演的《蝴蝶君》获美国西海岸戏剧奖最佳男演员奖；《女斗士》获美国西海岸戏剧奖最佳男演员奖；2004 年主演电影《邓小平 1928》获第 25 届中国电影金鸡奖最佳男配角奖提名；2011 年主演电视剧《焦裕禄》，被中国电视剧导演协会提名为优秀男演员；主演的《生死卧底》获第 25 届中国电视剧飞天奖最佳男演员奖；曾获第十届中国金鹰电视艺术节暨第 27 届中国电视金鹰奖最佳表演艺术奖。

　　在第 50 届美国休斯顿国际电影节上，中国电影《无罪》从全世界4000 多部参赛作品中脱颖而出，一举夺得了白金雷米奖。事实上，这已经是该片公映后获得的第二个国际奖项了。该片艺术地再现了新疆石河子检察院驻所检察官张飚同志忠诚履职、坚持不懈地推动浙江叔侄杀人案平反昭雪的感人故事，诠释了一名基层检察官对党忠诚，维护法律尊严，促进司法公正的人生追求。张飚的扮演者就是著名演员王洛勇。

王洛勇："《无罪》的导演联系我的时候，我正在美国。她跟我说要拍一个检察官的戏，我当时觉得这个检察官可能会比较铁面无私，我就说好啊。后来导演把剧本发给我，我一看，噢，是为一个误判了多年的冤案平反的故事。那我觉得在当下的中国，是讲依法办事、依法治国，遵守法规法纪的，从上到下都应该遵守，是一种义不容辞的社会责任。从执法人角度，从监督法律执行的角度，能把一个平凡的故事讲出来，我想这对千千万万的中国人来说，对或多或少家里有点委屈的中国人，对某些感到绝望了的中国人，会觉得有点希望。"

可以看出，这个被称为"百老汇华裔第一人"的王洛勇，是一个有家国情怀，有社会责任感的人。他 1958 年出生在河南，11 岁就离家去湖北十堰的一所戏曲学校学习京剧武生。每天清晨就开始的摸爬滚打、舞刀弄枪，使他练就了扎实的形体表演基本功。有句老话说得好："机会总是偏爱有准备的人。"1981 年，王洛勇考上了上海戏剧学院。

王洛勇："上戏招生的时候家里知道得很晚，人家已经初试复试都考完了，马上要检查身体了，我赶到了。当时我就直接冲进了礼堂，去求上戏招生的老师。我说你们不见得要收我，就听我讲一段故事。我记得当时我讲的那故事已经背得滚瓜烂熟，叫《卖火柴的小女孩》。讲完以后，老师就问，你还会啥？我说我还会莎士比亚的戏剧。老师就说，噢？那你来一段吧。其实当时我不知道专业圈辅导的人是绝对不碰这种名著的，那我在小地方自己准备考试内容，可不就是无知者无畏嘛。结果我就从讲一个故事到讲两个台词段子，后来老师们又给我出了无数个小品题，让我当场近距离表演。演完以后，老师说你明天直接去体检吧，如果有人问你，你就说你迟到了，是来补考的。然后老师让我签个字，我问为什么？老师说万一有人要告我们的话，就证明我们不是给你专门开的后门。我说那是，咱们本来就不是开的后门。我说我个矮，也不是那种特别帅的人，你们为什么要收我啊？老师说，第一，你专注；第二，你非常投入；第三，你很真实。噢，我说这算什么条件呢。"

自身条件不好，对王洛勇来讲是一种善意的打击。它给了王洛勇一种提醒，那就是，你还不够好，还有一些致命的缺点，得从修养上、能力上、博览群书上、理解力上，从全方位的表演技能上想办法。

王洛勇："从上戏毕业以后我就留校了。其实我们当时是定点分配，我进校之前就要签合同的，我应该是在毕业以后分到广西话剧团的，结果到大四的时候，中国青艺、实验话剧院，还包括武汉人民艺术剧院的人来找我谈话，就好几个剧院都来找我。我就嘀咕我还可以去别的地方吗？结果就在毕业前一个礼拜，宣布我留校当老师。"

大学毕业就留校教书，这在常人眼中简直是天上掉馅饼的事儿，到了王洛勇这儿却非常别扭。他总觉得自己在没有实践经验的情况下教书，真的没有底气，有点误人子弟。

王洛勇："当时其实很多人都想留在上海，但我对当老师很反感，我说我怎么教？我教啥？我才刚学完。我就在那儿闹情绪，我说你们这么留人就是近亲繁殖，会一代不如一代。我就这么跟上戏的领导争论，领导还一直给我做工作，说上戏刚刚恢复，非常缺乏年轻的、优秀的老师，我们希望你能够考虑。最后我就留在了上海，但是留下来以后我发现自己当老师，实践经验实在是太差了，差距太大。当时萨仁娜、郭冬临、高曙光，他们这些很有成就的演员都在我的班上，是我的学生，那我其实很不自信。"

20 世纪 80 年代，中国进入改革开放的春天，年轻人的思想和视野一下打开了，感觉世界如此广阔，而内心又如此贫乏，就有了一种强烈的求知欲。王洛勇的心也在蠢蠢欲动。在一次艺术节的活动上，他通过一个美国代表团了解到，美国的一部戏通常能演上七八年，最长的甚至演了 30 多年。是什么样的经典能这样长演不衰？他带着这个疑问对百老汇的舞台产生了无限向往。1985 年，美国的路易斯安那大学戏剧学院给王洛勇颁发了 6000 美元奖学金，他立刻辞去了工作，跑去美国学表演。

王洛勇："我刚到美国那会儿是 1985 年，跟中国比起来那真是差别太大了。我记得我第一次吃麦当劳，就拿着汉堡光闻那个味儿就会闻半天。在街上顺手就可以捡到一个变速自行车，捡一个彩色电视机、捡家具、沙发等等。那你就会觉得，天哪，怎么美国人都这样！那个文化的冲击力真是非常强。美国老师和中国老师对待学生的态度也完全不一样，比如说中国老师，他会在生活上管你，会在你的道德品质上要求你，会对你做人方面提出很多要求。美国老师是不会说你应该怎么样的，但是只要你有问题，就会不厌其烦地帮助你。他们没有一个光在那儿教书的，都是在百老汇或者像波士顿这样省一级的城市里担任戏剧编导或演员，他们的实践从不间断。"

艰苦、劳累、饿肚子、穷得不名一文，整整好几年王洛勇在美国都是这么度过的。然而在异国他乡，中国人身上特有的坚韧不拔、吃苦耐劳的精神在他的身上体现得淋漓尽致。

王洛勇："在美国，我是在实践过程中不断提高自己，这样的一个训练过程，让我非常地受益。像我在上海戏剧学院四年，已经算是优秀学生了，但我连片段、大戏加在一起只演了 12 个角色，我都能数得过来。但是在美国，两年我就能演 120 个角色，这个差别你就知道了。"

作为一名演员去美国学表演，语言关过不了，那什么事儿都干不成。当初王洛勇为了争取出国学习的机会，在语言关上作了弊。

王洛勇："我从小文化基础特别不好，不好就着急，着急也没用。正赶上出国潮，所以在这个过程当中要怎么办呢？要申请美国学校，要争取这个机会，所以我让别人给我录了段英文的自我介绍。结果到美国一看，我的英文根本不行啊，我是请人作假的，等于是作弊的呀，那马上就给我取消签证了。我当时还想不通，说美国人怎么那么较真。后来一些有经验的留学生就跟我说，你就是不诚实，就是在骗人，你这样让人觉得你就是一个造假的骗子。后来我的美国老师跟我说，时间长了人们就不相信你了，一旦你信誉扫地，那你就完了。所以，年轻人不能像我那样。"

一个人，毁坏自己的名誉其实是很容易的，但要恢复它，就要付出千百倍的努力。还好，王洛勇是个知错就改的人。

王洛勇："当时纽约大学戏剧学院招生的时候，我就去考试了，结果因为成绩太差，一下就把我给砍掉了，我说能不能再给我一次机会？纽约大学戏剧学院的院长说对不起，我们纽约大学从来不接受非英语国家的学生，再说你的英语实在太差了。这对我打击非常大，我当时都想把那个考试楼给端了。十年后一个大雪纷飞的夜晚，我住在纽约，门房通知我有访客。我出门就看见一个老人站在雪地里，脸蛋红扑扑的。我认出他就是当年那个拒绝我的纽约大学戏剧学院的院长，老人眼泪汪汪地说，我今天看了你的两场演出，我要向你道歉。我说为啥？他说当年我小看了你，我没有想到十年之后你能站在这儿，而且是当男主角，我做梦也没想到。完了第二天他就把美国福克斯演员评奖委员会的委员全部请到这里来看我的戏。后来过了半年吧，他们给了我一个提名，说是对美国工会最高级演员的评价，最后我居然得到了这个奖。"

经过十几年的打拼，语言已不再是王洛勇的障碍，反而成了他的利器。在争取《西贡小姐》的表演机会时，舞台监督起初对他的英语水平表示质疑。王洛勇却自信地对他说："只要我能出现在《西贡小姐》的舞台上，我的英语就一定比台上所有的亚裔演员好。"

王洛勇："导演淘汰，我试了8次，每一次拒绝我的时候他们都明确指出来，你英文不到位，但是你的表演我很喜欢；你的舞蹈太僵硬了，这不是武术，要有爵士的感觉，你身上太硬了，自己去想办法解决。唉，去一次回来就改，下次再去的时候，导演就说，嗯，你英语有进步了，但是还有几个音不对；好，你舞蹈有进步了，但你眼神不对，练完了你再回来。后来等其他都还可以了，导演又说，你的高音还有点问题。所以你会发现导演每一次拒绝你的时候都肯定了你的优点，他不跟你玩虚的，他不撒这个谎，他也没有那种善意的谎言。我们知道那种善意的谎言是会害人的，尤其做演员这一行，人明明音不准你却说唱得好，如果大家都同情，不指出问题，那怎么进步？后来等全部都通过了以后，总导演却让我感到最痛苦，他说你不真诚，你不要唱词，你给我说词。我说不出来，我必须哼着调我才能说。总导演说这就是问题，你是听着旋律在表达，你根本没有带着你的歌词在表达，离开了旋律你不能说话，证明你没有思想，对不起，再见！我当时就被打蒙了，回来以后我就一遍一遍地念歌词，我们家人、邻居都听烦了，说你能不能不念啊？所以后来我经过 8 次反复挑选淘汰，像被他们扒了 8 层皮一样。与其说《西贡小姐》让我觉得走进了百老汇，倒不如说我真正看到了自己的差距。作为一个演员，我跟真正国际一流的演员相比，不论从戏德上，从工作的投入状态上，都差得太大了，所以是一个非常好的学习过程。"

《西贡小姐》是西方舞台上的经典名剧，讲述的是 20 世纪 70 年代越战后期的故事。王洛勇饰演的主角是一个在西贡开妓院的越南老板，他一方面迫使越南女孩卖春以讨好美国大兵，另一方面也心疼这些命运悲苦的女孩。美国剧评家说他的表演"强烈控诉了殖民主义对亚洲文化的摧残"，称他"是个有鲜明个性的创造者"。

王洛勇："过去中国人在百老汇上演男主角这种例子不多，那这种情况下怎么办？你不能说先给自己找好退路，你看那些 NBA 篮球运动员，他从不想退路，每一场球都是绝对地拼命在打。所以我有时候在想，我有一些好的条件，但也有一些劣根性，这是在入选百老汇的过程当中，让我知道了我存在的这两个面。所以从那以后我就下决心，我得把好的那面尽可能地放大，坏的那面让它尽可能地缩小。"

《西贡小姐》连演了 2000 多场，每场的上座率都很高。王洛勇成功了，他成功地挖掘出人物的深度。《亚洲周刊》称，"由于他的表演，百老汇舞台历史将翻开新的一页。"《美国戏剧》则说,"美国应该承认更多像王洛勇这样的亚裔演员,从他身上可以预见中国演员、中国戏剧走向世界已为期不远。"

2002年,中央电视台邀请王洛勇回国出演电视剧,他毫不犹豫就答应了,此时距他离开中国已有18年。

王洛勇:"当时国内不停地有剧组找我拍戏,而且不用试戏。其实我挺不习惯的,我觉得试戏的过程其实是研究剧本的过程,是我做功课的过程,不试戏,那就等于直接给你剧本叫你去拍,做功课的时间都没有。当然,给你个角色又给你钱,那是天上掉馅饼的事儿了,但是我还是喜欢那种被挑选的过程,它逼着你一定要准备好,一定要做到最好。最让我感动的是,国家办了一个'千人计划',就是从国外邀请某一领域有一定特长和特殊贡献的人,回国建设一个国内还相对不健全的行业。当时我在美国百老汇演的是音乐剧《国王与我》。这部剧被外媒评为最优秀的、商业上最成功的音乐剧。所以就把我列进了'千人计划'。这让我感觉到太荣幸了,就是国家要我啊。不是我在国外混不下去了,回来看国内能不能混一混。我也到中年了嘛,大家都在退休,没人想用你了。结果给我办了'千人计划',哎呀,我真是觉得挺受鼓舞的。"

回国发展的王洛勇一开始很不适应国内剧组的工作环境、方式和节奏,仍然固执地按照国外的方式来工作,结果碰壁不说,还引来了不少闲言碎语。

王洛勇:"我在2002年回国的时候跟人算工作时间,结果全中国的演员没听说过要算时间的,所有人都觉得我斤斤计较。后来我了解到中国电影、电视剧拍摄的困难,开始理解他们了。当时拍戏的时候,我觉得有些剧本不是太好,就跟导演提意见。那其实很多演员都不太敢跟导演提意见,因为怕得罪了导演就没有活干了。所以当我用国外的标准来要求剧组的时候,他们就觉得我假、我虚伪,觉得我戏德有问题,那我是感到很委屈的。习主席在文艺工作座谈会上对艺术工作者提出了新的要求，所以你又会发现人们也在呼唤演员能够更平易近人一些。演员除了明星身份以外，他也是一个普通人。我们都是工人、农民出身，我们都是中国普通人民的子弟。在百老汇、好莱坞，演员是把个性放在服务角色上的，所以他们生活是正常的，只有角色是不正常的。我们应该在学习拥抱世界的同时，回头看看我们的老祖宗，我们自身传统文化给我们带来的优势，这些不能丢！"

在王洛勇看来，演员不是一般的娱乐性的职业，它是有影响力的，弄不好就会伤到人。它可能会伤到一个民族，可能会伤到一个特殊的年龄层，可能会伤到一个特殊行业里的人。所以演员其实是起到社会榜样、文明榜样的作用。

王洛勇："我回来就演的杨子荣、焦裕禄和卧底警察等这些英雄人物。其实焦裕禄并不高大，他反而很低调，高大只是旁人的感觉，自身要觉得自己高大就有病了。所以我们讲生活是艺术的老师，人民是演员创作的源泉，这句话不假。我们如果对剧本不忠实，对文学不忠实，没有崇敬感，对生活没有崇敬感，那么再伟大的英雄也会被糟蹋了。人们会因为厌恶你的表演而憎恨、讨厌那个英雄。所以我想，其实演员这个行业责任真的是挺大的。"

从人民中来，到人民中去，这是王洛勇塑造人物形象逼真、个性丰满深刻的艺术手段和法宝。在拍摄电影《无罪》的过程中，他全程和剧中人物原型张彪待在一起，近距离地学习观察张彪的一举一动、一言一行。

王洛勇："张彪先生就像一部活字典一样地天天帮助我，我觉得特别幸运。刚进这个剧组的时候，就听别人说，你在拍这个戏的时候，要多跟主人公去交流，去说戏，那在塑造人物原型的时候就会比较得心应手了。所以说作为演员来讲，能跟人物原型近距离接触沟通，那真就像捡了个大红包一样。像我以前演的许多角色，有些只能在史书上看到，连纪录片都没有。只能靠想象，通过文字记载来找到些非常细致的可感知的行为动作，你得去设计。其实在表演过程当中，演戏的准备工作是要从概念走向绝对的细节，演员没有细节是不能演戏的。我觉得这回能将这样一个懂法律、有文化的兵团人，一个待开垦的、净土的先行者塑造出来，是我的荣幸。我本来还有一种臭显摆的心理，但是当我碰到张彪这个角色，这么个好榜样，我的心态就全变了。张彪本人那么低调，家里小小的，干干净净的，简朴至极，干净至极，舒适至极。所以我开始想，我们非要豪华才能舒服吗？我们非要名牌才能舒服吗？在中华人民共和国成立之初，兵团第一代选择到祖国最需要的地方去。他们来了，找个地窝子就住下来了，开了地就生存下来了，这种故事听完了以后你是什么感觉？说老一辈们傻吗？不是！这就是中国文化，中国人到什么都没有的地方也可以安家。所以我觉得中国人对家的概念就是地窝子的感觉，就是有梁子，里面有孩子，就是你家媳妇在那儿坐月子，我端碗鸡汤给你送过去的一种生活状态。中国人为了建设家园，啥苦都能吃。所以我觉得兵团人的坚忍、兵团人的浪漫、兵团人诗人般的情怀、英雄般的意志，深深地打动了我，让我找到了强烈的共鸣。这次能有机会来演一个兵团人，间接地宣传、讲述一下兵团的故事和兵团的精神，让更多的人知道，我觉得非常荣幸。"

一个演员的
自我修养

刘小宁：出生于新疆石河子，毕业于中央戏剧学院表演系，中国内地男演员、导演。参演影视作品：《最后的疯狂》(1987)、《代号美洲豹》(1988)、《本命年》(1989)、《生生长流》(1990)、《英雄无泪》(1991)、《身不由己》(1993)、《大沙暴》（2000）、《寻枪》（2001）、《历史的天空》（2004）、《滇西1944》（2008）、《中国远征军》（2010）、《情暖万家》（2011）。导演影视作品：《龙虎群英》(1993)、《狗皮膏药》(1997)、《铜鼓》（2001）、《情归》(2003)、《男人上路》(2005)、《爱就爱到底》（2007）、《核桃树下》（2010）、《刻在石磨上的勋章》（2016）。

能在新娱乐时代被消费而还愿意保持原生态的影视明星不多，刘小宁应该算是一个。他曾是姜文、吕丽萍、丛珊等众多明星的同班同学，参演过多部影视作品，也执导过不少令他自己较为满意的作品。喜欢他的人对他塑造过的形象至今记忆犹新，而大多数人也许根本就不知道他是谁。面对影视圈的这种"自然法则"，刘小宁表现出一种超然的淡定。

刘小宁："我们那会儿叫搞文艺的，现在叫演艺圈。我们是80年代初毕业，那个时候基本上还是计划经济。那会儿拍一部电影、电视剧基本上不挣钱，也就挣个生活补助费，跟工人、工作人员的生活水准差不多。

包括那会儿你拍一部电影出点名什么的，也没有什么其他的感觉。因为我们从小受的教育，和那种环境下形成的一些观念基本上都已经定型了，所以也没有特别强烈的感觉，从来也没有飘上去过。因为我们那个年代成名，没有太大的意义，就是观众知道你了，中戏的老师或者同学知道你演了电影了，演了一个很牛的电影。那会儿最多给你一个高评价，就是你成为明星了，就是这样。但是那会儿我们特别怕出名，因为我们从小受的教育就是见名利要让，见困难要上，我觉得挺符合我们那个时代的人的，其实现在骨子里还是有这种东西。"

刘小宁出生于陕西，两岁时随父母移居新疆。他的童年、少年和整个青年时代都在石河子这座城市中度过，直到 1980 年考入中央戏剧学院。在他的记忆里，童年用一个字就可以概括，那就是"玩"。

刘小宁："一个人的童年对他以后的性格、心智等方面的发展起决定性的作用。那时候，孩子们的游戏更接近人的天性，更适合孩子的成长。我的童年是在石河子我们学校的院里长大的，大概一二十个同龄的朋友从小天天地玩，我们小时候玩得特别自由，没有那么多的压力，我们的天性在那个阶段是比较解放的。到了中学我就参加学生队演出，完了又参加校队打排球，文艺方面、体育方面都有很多的事情可以做，而且还觉得特别有意思特别想干。"

刘小宁朋友田池："当时学校在排话剧《园丁之歌》，他演小淘气，他那时候就会演话剧了。记得我们那时候早上天不亮就得起来压腿、练功，他一定比我们起得早。就在那个黑黢黢的饭厅，他一个人躲在角落里就在那儿压腿，他的柔韧度不好，所以他比谁都刻苦。为了保护嗓子，他还喝生鸡蛋，这是我原来没见过的。"

除了和小伙伴们一起玩儿，一起演话剧，看电影是刘小宁成长中的另一项重要内容。《地道战》《地雷战》《南征北战》，这样的片子他至少看过上百遍，但还是百看不厌。那里面的八路军、游击队员，都是刘小宁儿时崇拜的偶像。

刘小宁朋友田池："小宁特别喜欢看《甲午风云》，我们就看了很多遍。因为之前我们能看到的电影只有样板戏，就没有什么好看的，所以小宁他呀真是酷爱看电影。"

1977年刘小宁从新疆生产建设兵团第八师石河子市第一中学毕业，同窗好友都各奔东西，刘小宁也进了石河子市一家工厂，成为一名光荣的劳动工人。他每个月拿着固定工资，家里人对他也没太多的要求，一切看起来似乎都还不错，但刘小宁总觉得缺了点什么，他觉得自己似乎不应该、也不会就这样终此一生。工作后第二年，正逢石河子市文工团排练话剧《报春花》，导演在各个工厂找演员，结果刘小宁给选中了。

刘小宁朋友王黎霞："其实我们和刘小宁相识在1979年，当时石河子文化馆组织了一些各个工矿企业热爱话剧表演的青年人，让我们聚集在织染厂一个破旧的礼堂里。因为当时话剧《报春花》在全国反响很热烈，李默然主演的嘛，所以导演就选中了这个本子。我们这些演员当中刘小宁是年龄最小的一个，但是他在里面演了一个最老的厂长。我演他的女儿，我还比他大两三岁呢，演他女儿我都不好意思。记得当时有一场戏是我要趴在他的腿上，当时真的感到特别不好意思，他就训我：'趴！我是你爹！趴！'就这样我们这个戏在全疆各地演出，在各个农牧团场演出，一共演了一百多场，引起了不小的社会轰动。后来这个戏结束了以后，我们都回到了各自的单位。1980年的时候中央戏剧学院招生，小宁就去北京考试去了，结果没考上，听说他又跑去了四川，反正是在全国各地的考点，不停地在跑，最终他还是考上了。"

刘小宁："我媳妇也经常爱和我聊，说你要不来北京上学，你现在是什么样？可能还在原来那个工厂。我说现在没准当爷爷了，周围的同事朋友还真有做爷爷的。我们那个时候交给家里，所以基本上你有什么大的动作想法，先要取得父母的支持你才可能去做。我身边的朋友有父母不支持就没能走出来的，家里不让，或者家里觉得不知道是怎么回事，不太理解，就没来成。"

中央戏剧学院教会了刘小宁如何去表演，让他很快就入了这个行当。连刘小宁自己都说，如果仅仅作为一个业余爱好者，他都不知道自己究竟能奋斗到什么程度。

刘小宁："我们班十七个人，现在很多都是赫赫有名的演员、导演，像我们班男同学姜文、刘兵、江城，女同学吕丽萍、岳红、丛珊。当时我们那个班在中戏是很特殊的一个班，刚招进来的时候遭到了很多非议，说怎么招了这么一群完全不像中戏的学生，尤其是像我、像姜文这样的人，人家就觉得我们应该得是英俊小生，得是高大全，结果说你们招的都是什么歪瓜裂枣这是，都搞不清我们到底是表演系的还是其他系的学生。但是其实后来的结果我觉得应该还不错，最起码我们这帮学生还是给我们老师争了点脸，觉得还真没招错。当时我们做事啊、表演啊也没有刻意低调，就是可能打小的那种惯性，觉得去做一些抛头露面的事情，心里面特别不愿意，就觉得不舒服、别扭，别人看到的时候觉得是低调，其实我觉得这样挺好的。从做人的角度来讲跟其他行业，比如做生意、当公务员、当记者其实没有什么不同，无非是你选择了一个会经常出现在大众视线中的职业而已。"

导演吴晓枫："他们那个班——中央戏剧学院80班是中央戏剧学院所有表演班里面的一个楷模。姜文、小宁、岳红、丛珊、吕丽萍等这些大姐大哥们组成的班级，都是我们这些后辈非常向往的班集体。他们那个年代，他们做的作品，他们遇到的老师，他们学的东西和他们表现出来的东西，是需要我们去认真地学习和琢磨的。在那个并不浮躁的年代，和那个并不对商业化这么明显崇拜的影视时期，他们的作品是非常优秀的，是完全可以用'作品'两个字来定义的。所以我觉得在咱们国内这么多男演员当中，刘小宁是我见过的比较有个性的一个，他不用演，他搁那儿就是一个人物。"

对于演戏，刘小宁对自己的要求只有两点：一是不分角色大小都要认认真真、全身心投入；二是要真诚、质朴、自然。从戏剧学院毕业后，他被分配到全总文工团当演员。1987年他因在电影《最后的疯狂》中出色的表演一炮而红，随后陆续出演了《代号美洲豹》《本命年》《浴血驼城》《寻枪》《历史的天空》等影视剧，塑造了许多具有英雄气概的硬汉形象，得到了观众的认可和喜爱。1993年他开始尝试做导演，执导的第一部电影《狗皮膏药》获得成功，随后他相继执导了《龙虎群英》《红河劫》《男人上路》等多部影视作品。在他的艺术简历中，有一个角色常常被他本人、也被观众忽略——那就是他在老同学姜文执导的第一部电影《阳光灿烂的日子》中扮演的成年刘忆苦。银幕里，刘忆苦和童年时的伙伴们坐在宽敞明亮的凯迪拉克车里，他穿着旧军装，戴着墨镜，怀里紧紧搂着一大瓶洋酒，前言不搭后语……刘小宁在里面虽然只有寥寥数个镜头，却把一个昔日不可一世的小霸王，今天脑子有问题的残疾人塑造得栩栩如生。

刘小宁："演员都会这么想，希望有一些挑战。但是我心里也会觉得有些人物我是演不了的，觉得没谱。虽然特别有挑战的想法，我要这么演会是什么样？比方说演喜剧我就不太有信心，舞台剧可能还好一点，但是影视作品里面的喜剧就会让我犯怵。我一般习惯先看人物我喜不喜欢，就比方说人家给我一个剧本，我觉得心里头有感觉了就会很感兴趣，心里没有感觉就会觉得没什么劲，没有意思，也会推掉不想弄，觉得好像没谱。现在的影视作品，剧本的成色太差。这也是影视文学创作上的一个问题，目前中国电视剧生产的量估计快赶上全世界的总和了，一年一万多部戏，我估计全世界加在一起可能都没有中国拍得多。所以你想想看，你得有多少人物、多少故事才能支撑这一万多部戏，这里边肯定鱼龙混杂，什么东西都有，这就胡整了。所以一年出来真正像样的作品没几个，因为都是应景的东西，恨不得当年写出来当年就拍了，所以我们是不敢这么做的，至少我不敢这么做。我写兵团题材的剧本，我亲自带着编剧，一年之内就去了新疆两次。最起码我们从酝酿这个题材开始，做到现在我的剧本还没做完呢，这已经有三年多的时间了。我觉得这个积淀是一定要有的，我们不是随随便便地编个什么破故事。抗战故事现在编得那么烂，完全是瞎编的，我们不能这么编，我们必须得写的是那么回事。你得让观众，或者让兵团的观众将来看完了，觉得你这写得靠谱，是我们兵团的事，我们兵团就是这样，我觉得这是我想达到的一个目标。那你就得认认真真去做，你不能瞎编，瞎编肯定是不行。即便是做快餐我们也得把这个快餐做得有滋有味，得拿得出手。"

导演吴晓枫："小宁是一个不会轻易表态的人，他也不会直接告诉你这个东西好还是不好。他不是感情很外露的一个人，但是他的内心我能感受到那种澎湃，就是说他觉得这个东西是对的。因为他在新疆生长了这么多年，他对新疆的特殊感情，对兵团的一些理解，跟我们这代人是不一样的，肯定是不一样的。"

刘小宁："到了现在吧，回想起以前兵团的那种感觉，我觉得它其实有一些特殊性。兵团跟其他地方完全不一样，就包括兵团石河子是很杂的一个城市，天南地北哪儿的人都有。我记得当时我高中毕业分到工厂的时候，我们工厂大概一百零几个工人，招的第一批学员，大家填了一下籍贯，除了台湾和西藏没有，其他所有地区的都有，你想新疆是个多丰富的地方。我在想，因为兵团它处在一个非常特殊的时期，就是中华人民共和国成立初期，那个时候、那个年代的人和现在的人完全不同，观众们一定要看到那个年代的人，看他们都是什么样的一种精神。那个年代讲兵团，还讲兵团精神，兵团特有的牺牲精神。所以兵团的历史不能抹杀，有这么多人曾经为兵团的组建、为兵团的发展，把自己的整个生命都贡献出来了。有句话我觉得说得挺好：兵团人是献了青春献子孙。这句话我觉得是对的，非常准确。他们从十多岁、二十多岁就在兵团了，把自己交给兵团了，在这一生当中基本上他们没有得到什么东西。按现在人的价值来说他们什么也没得到。我觉得艺术作品必须要有一个很明确的东西，你肩负的东西就一定要告诉别人是真的，这是你搞艺术创作最起码的一点。"

刘小宁的心态一直都这么好，以致他总能在喧嚣的影视圈不温不火、平平淡淡地活着。现在他基本上是能导戏就导自己的戏，导不了就演，不让自己活得太累，也不让自己太闲着。1993年，刘小宁执导了自己的导演处女作——电影《龙虎群英》，这部总投资才一百多万元的影片是他和几个好友聊天聊出来的。随后，他又陆续执导了多部影视作品。据说很多人当了一次导演以后就再也不想当了，因为觉得太累太麻烦，刘小宁对此却表示无所谓。

刘小宁："我无所谓，这两年没东西我就不做，我从2007年拍完一部电视剧到现在我也没做，就中间朋友来找过我演戏。我不觉着有什么好着急的，这有什么好急的呢？艺术作品是急出来的吗？生活是急出来的吗？没用！一定是你自己心里有感觉了，你才会碰这个东西。我基本上不是这个圈子里的，其实严格地说我跟这个圈没什么关系。到我这岁数不是讲究数量的时候了，是讲究做一部是一部的时候。我们不太会特别急功近利地说我今年一定要拍几部戏，我得去挣多少钱，不是这个概念。我是想做一点自己真正想做的东西，感兴趣的东西。回过头来一想，我在新疆生长了将近二十年，从我的童年到少年再到青年基本上是在新疆度过的。虽然后来跑到北京来上学，但是对新疆的认识，对石河子、对兵团的认识很多东西是刻在骨子里的。因为你的人包括你做的艺术品，肯定跟你骨血里的东西有很大的关联。所以有新疆题材找我去，我就会很感兴趣，就特别愿意去，不管条件好坏都愿意去。"

刘小宁固执吗？是的，以如今社会的评判标准来看，他无疑是个非常固执又不知变通的人，就好像一直以来始终生活在那个令他无法忘怀的年代，认认真真地扮演着属于自己的各类角色。也许顺其自然、按照自己的节奏走好每一天，就是他对人生的一种选择和态度吧。

电视人生

第四辑

春晚之父

黄一鹤：中央电视台导演（春晚第一代导演），中国电视艺术委员会委员、中国电影家协会会员、中国音乐家协会会员。在 1983 年、1984 年、1985 年、1986 年、1990 年五届《春节联欢晚会》担任总导演。黄一鹤所追求的艺术风格可用"真情、清新、质朴"六个字来概况，在经历了三十多年漫长的艺术道路之后，在一千多部作品的实践摔打中，他尝试着融进了"动情"的场面来强化晚会的感情冲击力，并最终获得了观众的认可。

1985 年，对于黄一鹤来说，是个灾难年。

这一年，他把全中国人民翘首期盼了一整年的春节联欢晚会，搞砸了。

全国上下怨声载道，观众对晚会和总导演黄一鹤表达了强烈的不满。不仅各大媒体纷纷报道晚会失败的消息，中央有关部门更是派出多个检查组进入中央电视台，追查晚会失败原因。

那一年的春节，黄一鹤完全不记得是如何度过的，因为那时的他整个人都是蒙的。

"我的艺术是为人民服务的，让观众高高兴兴、欢欢喜喜，才是目的。那年我没有做到，真是愧对江东父老啊。"这位被称为"春晚之父"的老导演黄一鹤，此刻就坐在我的面前，心平气和地向我提起当年发生的事情。1985 年的失败，显然并没有打垮他。那究竟是什么原因在影响着他，使他坚定信念，从失败的原点勇敢地站起来了呢？

黄一鹤："可能是因为我 15 岁就参军了吧。当时我跟着四野南下工作团，从北京转战江南，进湖北，入四川。后来，我所在的部队换防，又让我们回到齐齐哈尔一带搞农垦。完了以后，1950 年年底就随着部队跨过鸭绿江，参加抗美援朝战争了。当时我们四十二军打得很惨烈，一连打了五场战役。那个时候我们是跟拥有现代装备的敌人作战，靠得只是小米加步枪啊，确实是很难想象的。但是仗硬是打下来了，还打得很有气节、很有骨气。这也培养了我，使我拥有了很多坚韧的东西，就是不能畏惧困难。你要是老怕困难，抗美援朝这场仗你根本就打不下来。上百万志愿军战士咬着牙硬是打出胜利来，所以我也要发扬这样的光荣传统。当时因为我年纪小，参军之后就在部队文工团工作，文工团有个口号是为兵服务。所以说从小我就养成了一种坚韧的品格，养成了一种为兵服务，为人民、为观众服务的思想。"

　　20 世纪 50 年代末，黄一鹤转业回到了北京。1958 年 9 月，北京电视台正式开播，1960 年年初，黄一鹤调入电视台，担任导演工作，一干就是二十多年。这二十多年，他一直在默默努力，等待一个连他自己也说不清道不明的机会。

　　1983 年，对于黄一鹤来说，是个幸运年。

　　这一年，中央电视台在仅有 600 平方米演播室、60 多位演职人员、200 名现场观众的情况下，举办了第一次严格意义上的春节晚会，黄一鹤作为晚会的总导演，第一次出现在全国人民面前。自接受任务的那天起，黄一鹤就没回过家，他四处找朋友、同行来一起商量，大家伙群策群力，很快就确定了几条办法，并且一直沿用至今。

　　黄一鹤："第一条，不搞录像，搞实况直播。因为，现场感强，容易打动人心，况且新东西人们总是乐于接受的；第二条，开辟电话点播新路，给观众直接参与晚会的权利；第三条，启用节目主持人……"

　　黄一鹤的这几条决定不仅使晚会取得极大的成功，而且还意外地开创了一个电视综艺晚会的新时代。

黄一鹤："我们的春节晚会是给观众看的，如果光抓一种感情，我觉得肯定是不够的，光抓欢乐或主调是欢乐都不行，因为人民的生活也不全是欢乐的，还有很多磨难在里面。我们应该跟观众在一起共同消化这些苦难，不是说你高兴就能高兴起来的，你必须把观众们的心病解决了，他们才能高兴得起来。你必须跟他们坐在同一条板凳上，让他们感受到，我们是在一起的，我们是一家人，是同一条战线的人，用这个感情来感化我们的观众。观众承认你了，感到喜悦了，才能发自内心地笑出来。"

　　看得出来，黄一鹤是非常认真地在琢磨如何让晚会深入人心。他是一个有着军人做派的导演，胆大心细、敢想敢干。直觉告诉他老百姓想要说话，他就得给老百姓创造个机会。于是，在春晚节目中，黄一鹤首次尝试融入了"普通人的情感"，努力要把春晚办成人民自己的晚会。

　　黄一鹤："现在回过头看吧，就是给百姓发言权。这个权利给了百姓后，百姓是非常非常感动的。"

　　1983 年的春节晚会，黄一鹤不仅让老百姓开口说话，还破天荒地为观众设置了点播环节，开辟了电话点播节目专线。

　　黄一鹤："通过这个电话点播之后，我们晚上八点多钟春晚才开始，可在中午十二点钟，观众就等不及了，就纷纷打来电话，就开始发言了，跟电视台沟通了。突然产生这样的现象，当时我们是不理解的，为什么观众会这么热情？"

　　你的声音

　　你的歌声

　　永远印在我的心中

　　昨天虽已消逝

　　分别难相逢

　　怎能忘记

　　你的一片深情

　　……

——《乡恋》

这首《乡恋》诞生于 1979 年，由著名作曲家张丕基作曲、李谷一演唱，随着电视片《三峡传说》的播出而红极一时。可是，《乡恋》一经播出就受到点名批评，被列为禁歌。尽管受到全国观众的喜欢，但在正式场合谁也不敢碰。黄一鹤很喜欢这首歌，他觉得这首歌感情充沛，很能打动人心，非常适合春晚的风格，他想让李谷一在春晚上演唱这首歌曲。然而，当时的高层领导对于《乡恋》是否能上春晚还心存疑虑。随着晚会的进行，电话点播《乡恋》的字条装了满满五盘，现场的广电部领导下定决心拍板，满足观众的要求，让李谷一演唱《乡恋》。

黄一鹤："1983 年春节晚会播完之后的半个月里，我们收到无数观众的来信，特别是其中一两封信，给我感动最大。它讲到了，你们能在春节晚会把《乡恋》唱了，我们感觉到你们真是人民自己的好电视台。当时我感动得眼泪都流下来了。"

在这场晚会中，黄一鹤还大胆推出了几位节目主持人，相声界的领军人物马季被黄一鹤相中，首次挑战春晚主持人一职，这也成为这届晚会的一大亮点。当时发生在马季身上的一段小故事也让黄一鹤至今记忆犹新。

黄一鹤："整个晚会结束后，大家都卸了妆。我们大部分演员都出门集合了，准备乘大门口的轿车去吃夜宵。因为害怕漏下演员，我就下车去找，结果就看见马季在那儿对着电话说话呢，夸夸其谈的。我说老马…… 他赶紧捂住我的嘴小声说你别言语。我只好在旁边听他对着话筒说单口相声。说了有十几分钟，他才撂下话筒跟我讲，这是一个首钢的工人打来的电话，他说刚才在演出的时候他本人正在高炉上作业，没看上春晚的节目，但他又特别喜欢马季的相声，所以打来电话，央求马季给他补说一段，马季很爽快地答应了。所以每次回想这件事我都非常激动，我觉得这帮艺术家啊，只要给他好的平台让他跟人民亲近，他就绝不会掉链子，他会做得非常好的。"

在黄一鹤心里，老百姓才是晚会的主角。为加强和百姓的交流与互动，他在晚会资金有限的情况下，打报告申请购买了有奖猜谜的奖品。

黄一鹤："在晚会进行过程中，我还设计穿插观众猜谜语的环节，谜语答对的话就可以得到一个奖励，奖品很简单，就是一个小本子。这个小本子在当时也是有故事的，因为当时办晚会资金非常有限，我们就跑到上海去，找个印刷厂做这个小本子。大概几块钱一本吧，成本压得很低。当时还做不了主，就打电话给我们电视台的副台长做了请示，得到同意以后，我们才做了几百本，当作给观众现场互动的奖励。"

　　黄一鹤是个爱动脑子的人，点子多，很多点子都用在了关键部位上。演员刘晓庆对黄一鹤说她想在晚会上给妈妈说几句话。黄一鹤脑子一转，说："这个主意不错，你想说什么？"刘晓庆说："我想给我妈拜个年，借这个机会，给妈妈唱支歌，这支歌也是我想献给那些大年三十，因工作忙碌，不能回家和亲人团圆的朋友们的。"黄一鹤深受感动，当即拍板决定让刘晓庆在晚会上达成自己的心愿。就这样，一场朴素的，在现在看来甚至存在诸多不足的春晚，在当时沉闷的文化界引起了巨大的反响。

　　黄一鹤："晚会应该求得思想性、艺术性、趣味性的统一，不能板起面孔教训人，防止贴标签，喊干巴巴的政治口号。晚会是在除夕举办的，要有过年的气氛，让人感到亲切。"

　　黄一鹤作为首届春节晚会的制造者，从此将春晚这道美味"菜肴"端上了中国老百姓除夕夜的餐桌，伴随着亿万中国家庭度过了一年又一年。吃着年夜饭看春晚，也是从那时起成为了中国人过年的习惯。

　　1984 年，对于黄一鹤来说，是个压力年、冲刺年。

　　1983 年的春节晚会虽然画上了一个圆满的句号，但是黄一鹤并没有闲下来。首届春晚的成功让新一年的春晚备受关注，领导重视，群众关心，都极大地触动了新闻界敏感的神经。距离春节还有一个多月，全国各大媒体报刊就铺天盖地地开始了宣传，在这种情况下，黄一鹤受命开始筹划 1984 年春节晚会。然而这次的春晚可谓困难重重，有些歌曲不能唱，有些节目不能上，有些演员更是不能用。这对一心想要超越上届春晚的黄一鹤来说，是个不小的问题。

黄一鹤："当时我们国家对港台的提法是"一国两制"，号召海峡两岸人民团结，实现中华民族的统一。那么我们怎样在春晚中体现中央的精神呢？怎样把政治性和艺术性结合起来呢？后来我就想，何不请些香港演员来参加，把晚会搞成民族团结的象征呢？这样观众也有新鲜感，也好体现百花齐放。我们把政治思想贯穿在文艺节目中，不要一句政治口号，以情动人，不知道行不行。"

　　想到就行动是黄一鹤一贯的作风，既然是个好主意他就立马打了报告，请示领导，很快领导就批准了。但是问题又来了：请谁来呢？又是怎么个请法呢？

　　在深圳的一辆中巴车上，黄一鹤偶然听到了后来风靡一时的《我的中国心》，为了寻找到演唱这首歌曲的香港歌手张明敏，黄一鹤可谓是煞费苦心。

　　黄一鹤："我一听到这首歌，就被吸引住了。觉得它不完全是软绵绵的，还有一种男儿的力量，有战斗力，就感觉特别兴奋。我就问司机，哪能买到这首歌的磁带？他就告诉我沙头角能买到。我就要去沙头角，但那时候我们是不能去的，后来经过特批，我就到了沙头角中英街那边的小店里，买到了一盘《我的中国心》，我当时觉得高兴死了。"

　　经过黄一鹤多方审查，他觉得《我的中国心》无论是歌词内容还是主题，都不存在问题，于是通过新华社香港分社，找到了张明敏，并且说服他到北京来参加春节晚会的演出。然而这一做法遭到了一些上层人士的批评与反对，要求黄一鹤必须调整节目方案，不然就要撤了他。对艺术的执着追求让黄一鹤无法妥协。

　　黄一鹤："我当时也不知道哪来的那么股勇气，说了那么一段话，我说，请问，现在部长定了没有？如果部长定了要开除我，那我就卷铺盖离开。如果部长还没定的话，请你转告部长，时间太短，我也不能改了，我也不愿意改了，我改什么也来不及了！说完我就把电话摔了。"

　　河山只在我梦萦

祖国已多年未亲近

可是不管怎样也改变不了

我的中国心

……

——《我的中国心》

当音乐响起，身着浅色西装的张明敏深情而舒缓地唱出《我的中国心》的这一刻，电视机前数以千万计中国人的心"腾"地一下燃烧起来，它不仅唤起了人们心中炽热的爱国之情，更让全世界华人之间的距离瞬间拉近了。

在 1984 年春晚上，还有两个人首次以喜剧小品演员的身份闪亮登场，他们就是陈佩斯和朱时茂。谁也没有料到，他们表演的喜剧小品《吃面条》会成为小品界的里程碑。

黄一鹤："陈佩斯这个小品演出来之后，突然使小品在我们国家顶天立地，成为春节晚会最重要的一个节目品种了。当时没有小品这一说，根本就没有小品，从那以后我们国家的晚会不但有了小品，而且人才倍增，比如说后面出现了赵本山、黄宏、郭达等这样一批人。当时陈佩斯本身也不是小品演员，他是电影演员，演过喜剧作品而已。朱时茂更不是了，他演过电影《牧马人》，演的是帅哥，正面角色。他们的小品一上来就丰富了中国晚会的节目品种，人们开始慢慢变得离不开小品了。"

1984 年的春节晚会是精品荟萃的晚会，尤其是结束曲，黄一鹤更是花了不少心思。为了创作出一首能永久传唱的歌曲，黄一鹤找到著名词作家乔羽和作曲家王酩，拜托他俩来创作。著名歌唱家李谷一在晚会结束时演唱了这首《难忘今宵》，一下就抓住了所有观众的心。令黄一鹤没有想到的是，这首歌一唱就是三十年，成为历届春节晚会的结束曲目。

整场晚会获得了巨大的成功，黄一鹤百感交集，思绪万千。他的付出和艺术创作被人民接受了。对于一个艺术工作者来说，没有比这更令人感到幸福的了。

黄一鹤："我做一辈子电视导演，执导了上千台晚会，唯有这一台晚会是这样地令人难忘。散了场大家都不愿离去，演员也都没走。我从导演室爬出来之后，我一看演员都在那儿，很多年纪大的好朋友抱着我就哭。我往台上一看，男男女女都抱在一起，都啪啪啪拍打着对方的后背，激动得一句话都说不出来了。"

我们的时代是改革的时代，必然会引起艺术的变革。黄一鹤始终把他的艺术实践，置于艺术改革的信念之下，这便是他屡获成功的原因。此后他又相继执导了 1986 年、1990 年的春节晚会，每场晚会他都会给广大观众带来不同的惊喜。

黄一鹤："白居易有一句话是：感人心者莫先乎情。没有感情是不能打动人的，不打动人的晚会是没有用的晚会。所以我们必须要掌握这样一个规律，这样一个钥匙，并且研究透这一点。哪怕你讲正面的道理也应该要打动观众，让观众觉得你说得在理，相信你，听你的话。不然的话就是枯燥的说教。"

转眼几十年，黄一鹤早已年迈退休，从晚会导演变为一名普通观众。而春节晚会，不仅成为全国文艺工作者的最高舞台，也成为文艺创作、文艺管理的风向标。放眼今天的舞台和屏幕，各类综艺节目种类繁多、花样百出，但无论如何，已经举办了多年的春节晚会早已成为一个无法磨灭的符号，永久地保留在中国人过年的难忘记忆中，记录在老百姓的美好日子里。

寻 根

　　焦建成：中央电视台著名主持人。锡伯族，曾任职于乌鲁木齐军区话剧团，新疆军区文工团。1987 年考入解放军艺术学院表演系。1990 年借调到中央电视台军事部拍摄《望长城》，该纪录片让焦建成以主持人的身份蜚声九州，从此，形成了独特的个人主持风格。多年来，在中央电视台主持了《中华之门》《中国小城镇》《走进西部》《中国民族人物系列》《青藏铁路》《边地大穿越》《寻找铁骑兵》《琴江风云》《热河春秋》《赌石》《大西迁》等多部大型纪录片和谈话节目，曾荣获中央电视台优秀纪录片主持人奖，2010 年 8 月，荣获上海中国电视节"主持人三十年风云人物"奖。

　　从事电视工作二十多年来，除主持工作外，参与策划、执导的专题节目和纪录片六百多部（集）；策划执导的节目二百多部，其中，二十多部获奖。1993 年至 1998 年，先后有纪录片《中国俄罗斯族》《起飞吐鲁番二号》《遥远的航站》和《中国情民族心》（特别节目）获全国纪录片"骏马奖"一等奖。2001 年至 2002 年，连续获"全国少数民族好新闻奖"优秀编辑奖。2004 年，在新疆罗布泊地区跟随沙漠腹地考古挖掘现场拍摄的纪录片《小河墓地发现》（上下集），获半岛国际纪录片节提名展播。2006 年至 2011 年，花费六年时间拍摄的六集纪录片《西迁往事》，在 2014 年 11 月 6 日中国电视艺术家协会举办的"文明中国第三季——传承中国"全国电视纪录片专题片展评中获一等奖。

"我在新疆的伊犁河边长大，每年农历四月十八日，锡伯族人都要聚在一起纪念西迁。那个时候，老人总是面朝北方，眼中噙满泪水。年少的我问父母，什么叫西迁？我的祖先到底来自哪里？'西迁'两个字，穿透岁月的时光，深深刻在了所有锡伯人的心灵深处……"

——《大西迁》

怀着战战兢兢的心情拨通了焦老师的电话，一听我们是来自新疆生产建设兵团的记者，焦老师非常热情地邀请我们去他家里采访，这简直令我们受宠若惊。还记得当年《望长城》里的他：消瘦的身影、黝黑面庞、浑厚的嗓音……镜头前的每一次蓦然回首，他眼神里仿佛充满着对长城内外顽强生存的人们的万般怜惜。他的欲语还休，他的成熟风趣，无惧岁月流逝，历久弥新。

如今他坐在我的面前，还是那张洋溢着热情的脸，还是那样丰富的表情。那双随时在说话的眼睛，会让任何与他对视的人产生一种老友般懂、怜、惜的感觉。聚光灯下，他边说边打着手势，绘声绘色地讲述着过去的经历……

焦建成："小时候，我们老家清代留下的城墙还没有完全倒塌。每天清晨，上学的学生、下地的农民和各家的牛啊、羊啊都从城门走出来，羊群裹挟着尘土，呼呼啦啦奔向各自的草地。赶完牛羊的孩子们也一溜烟往学校里跑。四野清新，遍地是野草的芳香和纯粹的原野味道。"

焦建成出生在新疆伊犁巩留县一个普通的锡伯族家庭。每年的暑假，他都要回到察布查尔县纳达齐牛录乡的姥姥家。那里又厚又高的土城墙，以及晨曦中浩浩荡荡穿越城门迎面而来的赶着牛羊的乡亲，像是一幅色彩斑斓的油画，永远定格在了他的脑海里。

焦建成："我们这些孩子白天玩得疯，到了晚上，流着鼻涕提着鞋就进了家门。这时候老人们会在油灯底下，挑灯读珠轮，给我们讲过去的战争故事和锡伯族西迁的历史。锡伯族有一种特殊的讲故事方式，就是像唱歌一样地念念有词。它要求每一个锡伯族人都要将《水浒传》中一百单八将的故事倒背如流，背完了之后大家来比谁厉害，这时候孩子们、女人们就在旁边看着听着。就这样，昔日的历史潜移默化地传承了下来。"

老人们讲述历史时，散发出的民族特有的气息和怀旧的悠远感觉，在焦建成的心里烙下深刻的印记。儿时无忧无虑的欢乐时光，至今令他难以忘怀。

焦建成："孩童时期的暑假，我每天都在老城墙上跟小伙伴们玩打仗的游戏。就是一方是攻，一方是守。那个城墙很高，有六七米，下面还有条护城河。攻方冲上城墙，把守城的孩子们举起来，从城墙上扔进充满泥浆的护城河里。掉进泥水里的孩子爬出水面，抹一把脸，继续往城墙上冲，我们就特别爱玩这种攻城的游戏。实际上老城墙传递给了我们这些孩子们再现祖辈巡逻、守卡伦的戍边生活。我们的血液里从小似乎就流淌着一种军人的天性，那是几代守边人留下的血脉。"

伊犁河边、老城墙上疯跑的焦建成，在老人们慈悲、关爱的注视下逐渐长大。中学毕业后，他如愿以偿地踏上了从军之路。此后，整整23年，他从一名普通的战士成长为新疆军区话剧团出色的演员。

焦建成："因为小时候是玩着打仗游戏长大的，而且一回家老人们就给我讲打仗的故事，所以从小写的日记第一句话就是，长大了一定要当中国人民解放军，这就像立下的誓言一样。当时有部队的人问我想不想当兵？我说想。我从小就梦想当个侦察兵，后来就被招到距离乌鲁木齐三十公里的庙尔沟一个野战部队的侦察连，实现了当一名侦察兵的愿望，而且一待就是六年。后来部队整编，我所在的宣传队解散，我就由战友介绍，去报考了乌鲁木齐军区话剧团，一考就考上了。"

机遇总是垂青有准备的人。1987年，焦建成考入解放军艺术学院深造。后来又凭着出众的外形条件、标准的普通话和扎实的业务功底考入中央电视台，参与了从此令他享誉全国的纪录片《望长城》的制作主持工作。在这部片子里，焦建成突破以往的主持风格，以真实的自己，融入长城内外老百姓的生活中。他行走着、记录着、讲述着、呈现着……他引领观众了解了长城的过去与现在，同时，也解开了自己多年来的一个疑问。

　　焦建成："那是在 1989 年到 1990 年我们拍《望长城》的时候，我第一次触摸到了祖先的历史。在讨论东北清朝历史段落时，我告诉大家，锡伯族就是从东北迁徙到新疆的，那里还有我们的家庙呢。摄制组的同事们立刻感到有意思了。导演说，焦建成，你是锡伯族，作为一个当事人，同时又是一个故事的引导人，你到老家去寻找该多好。这一下就实现了我多年来寻找祖先的夙愿，所以，当时我们就一头扎进了东北的嘎仙洞。"

　　在锡伯族语里，嘎仙就是故居的意思。锡伯族的先祖是鲜卑人，北魏时期，嘎仙洞就是鲜卑人的祖居。锡伯族是我国少数民族中历史悠久的古老民族。原居东北地区，乾隆年间清廷征调部分锡伯族西迁至新疆戍边。而今 70.2% 的锡伯族居住在东北三省，新疆察布查尔锡伯自治县和霍城、巩留等县如今有三万多人口。纪录片《望长城》里正好拍摄了这样一个片段：焦建成从故乡新疆出发，一路寻找到沈阳的锡伯族家庙，最后还到了呼伦贝尔大兴安岭中神秘的嘎仙洞……

　　焦建成："进入嘎仙洞硕大的山洞里面，洞内的回声就像祖先们在呼唤一样。风在里面呼呼啦啦地吹，我当时突然有一种冲动，我想用锡伯语喊话。想到祖先们曾经住在这里，我的心跳得一塌糊涂。我抑制不住自己的情感，张口就用锡伯语喊了一声'有人吗？'结果，那个山洞里发出巨大的回声，我当时整个心都在战栗着。我接着又喊了一句话，'我来啦！我从新疆的嘎善（察布查尔）来啦！'这个声音就不断地回响，仿佛有上万个人在回应我的话。真是特别地激动，就那一下子，把我真实的感情拽得一塌糊涂。"

　　18 世纪 60 年代初，清朝政府消灭准噶尔部统一新疆后，在伊犁设将军府，由伊犁将军统领天山南北事务。并先后从东北、张家口、漠南等地抽调满洲、察哈尔、索伦、达斡尔等部队奔赴伊犁驻防。公元 1764 年，一支锡伯族八旗军队，携带家眷从沈阳出发，经过一年多的万里行军，到达新疆伊犁，开始屯垦戍边、建设新的家园。1999 年，焦建成将锡伯族西迁的这段历史记录在了文献纪录片《大西迁》里。他以独到的见解、厚积薄发的文化底蕴，对锡伯族的历史风情进行了生动的阐述。

焦建成："乾隆二十九年，1764 年锡伯族第一批人离开沈阳家庙，告别的时候天下着小雨，正好有一个朝鲜的代表团到了沈阳，就住在离家庙不远的地方，这个使团的团长记录下了他在街上看到的一幕，那是锡伯族告别的场面。当时大家抱头痛哭不忍离开，最后鸣炮三声，这些年轻的锡伯族军人立刻回到队伍里，在亲人们的哭声中向西而去。事实上，《大西迁》在记录这段历史的时候是非常不容易的，因为察布查尔是国家级贫困县，根本没有钱支持纪录片的拍摄，原先我们设计至少得拍八集到十二集，最后就精炼到了六集，就把主要部分表现出来就成了。而且这个纪录片本身制作难度很大，很多史料都没有了，只能不断寻找。所以在六年的拍摄过程里，我们用大量的时间来寻找史料。"

2013 年 5 月 27 日，在新疆伊犁察布查尔锡伯自治县纪念西迁 249 周年卡伦公祭大典上，焦建成身穿锡伯族传统服装，笔直地站在人群中，神情肃穆、忧伤。

焦建成："锡伯族有个节日——西迁节，这是只有锡伯族人过的一个特殊的节日，是纪念我们祖先离开东北故乡来到新疆的那个日子（公元1974 年农历四月十八日）。很小的时候就记得，每到这个日子，家里人就要用一个单子把烙好的饼子卷好，带着孩子们在野外找一片空地，向着东北方向磕头。烧香的时候，老人们嘴里总是念念叨叨的：'东北的祖先，我们在这里很好。'说着说着，在场的男男女女满眼沁着泪水，端酒就往两边洒，这是一个充满悲情的场景。最早期的西迁节，就是这么开始的，而且特别野生。直到现在，很多地方的锡伯族人还是那样，就是一个家族一个家族的，自己带着锅碗瓢盆到野外起火做饭，点香祭祖。完了以后才开始跳舞、热闹。这个节日在我们童年的记忆里是非常重要的，我们在那个时期总是带着一点疑问，这是怎么回事儿？等到慢慢懂事了，才知道，弄了半天新疆不是我们的家乡，我们的家乡远在东北沈阳呢。"

寻根的过程虽然漫长，但是追寻本源，可以让人清楚自己是谁，来自哪里。作为锡伯族的孩子，作为中华民族的子孙，焦建成有着深深的民族认同感和责任感。

　　焦建成："很早以前，有人给了我一个小册子，上面讲的是锡伯族的源流。我看了以后心中就波澜起伏的，好几天晚上睡不着觉。我那会儿突然意识到自己的祖辈是什么样的人。他们在新疆生活着，觉得很自然，实际上他们是在守卫边防。现在的锡伯族后代则有了一个新的感悟，由衷地感觉到了自己的自尊，而且找回了一种荣耀。这是很深刻的认知，我们的祖辈原来是为了国家的安全，在二百多年前离开了自己的故乡，来完成一个伟大的戍守边疆的任务。其实我们每个人都应该有一个这样的民族之本，本是一种灵魂，灵魂来自哪儿？灵魂来自祖先。找到了这个答案，就会生活得自信、自在。"

　　向西走，西部是母亲河的源头；向西走，不到天边不回头。对于焦建成来讲，人的一生是有限的，生命是有限的，走遍西部，读懂西部的历史和人文，把它们用艺术的形式呈现给世人，是自己生命中头等重要的事儿。

　　焦建成："人活着要有一种信念，让你活得更了不起，更伟大。即使你做了一件很小的事情，你都觉得这件事儿我做得怎么这么好，这么光荣啊！其实就是这样，人必须要有一种精神寄托。我现在已经迫不及待想去西部了，我必须要做事情，无论这件事情是大是小，只要是自己喜欢的。西部，新疆，我在那里生长，那片土地养育了我，给了我艺术的灵魂，我必将有一个回报。在我身体还能做点事儿的时候，应该立即付诸行动去把它做好。"

萍聚

鞠萍：中国内地节目主持人。1984 年 11 月，鞠萍调入中央电视台青少部，成为第一位专职青少年节目主持人。1985 年 6 月 1 日至 1995 年 5 月 31 日，主持幼儿栏目《七巧板》，被亲切地称为 "鞠萍姐姐"。1995 年 6 月，主持少儿栏目《大风车》并担任该栏目制片人、责任主编。该栏目获得第三届全国青少年电视节目 "金童奖" 优秀栏目奖。2008 年，入选 "央视十佳主持人"。

她是央视第一位儿童节目主持人，主持的幼儿栏目《七巧板》，深受全国亿万小观众的欢迎；她是少儿栏目《大风车》的制片人，该栏目连年获得全国青少年电视节目 "金童奖" 优秀栏目奖；她以纯真甜美的形象、自然活泼的主持风格，赢得小朋友和家长的喜爱，曾经连续三次捧得 "金话筒" 奖……她就是我们这次的采访嘉宾——鞠萍姐姐。

鞠萍："我们少儿频道有一个栏目叫《大手牵小手》，是专门到祖国各地去录制的一个公益栏目。我们去过西藏的阿里，计划在元旦的时候去玉树。这次来兵团也是特别想把少儿频道的这份温暖和关注送到兵团孩子的面前。用兵团的光辉历史，来激励孩子们刻苦学习，为实现自己的梦想去努力。让他们不要忘记前辈们为我们今天的幸福美好生活所付出的辛劳。"

我们都知道电视里有个鞠萍姐姐，她几十年如一日地陪伴着我们一同成长。然而，很少有人知道荧幕下的她到底是一个怎样的人。我们是从这次访谈中才零星了解到，三十年前，她从幼师专业毕业后留校当了老师。由于小时候在少年广播合唱团学过唱歌，1983年，在跟随少年广播合唱团赴菲律宾访问演出后，在中央电视台录制节目的过程中，被央视少儿部一眼相中，这样误打误撞地进了中央电视台，成为央视第一位专职青少年节目主持人。

鞠萍："我进入中央电视台主持的第一档节目是《七巧板》，做了十年以后，开始主持《大风车》，又过了十年，央视少儿频道开播的时候，我又开始主持《动漫世界》。然后再到今天创作的栏目《大手牵小手》，可以说我是每十年更换一个新的跑道，进入一个新的阶段，就这样一直伴随了两代孩子的成长。"

我们可以回想一下，这么多年来，当我们这些小朋友的父母正忙着做饭没有精力照看他们的时候，是亲切的鞠萍姐姐来到小朋友的身边，教他们唱歌，教他们跳舞，和他们一起做游戏，给他们讲故事……不论刮风下雨，不论遇到任何情况，鞠萍姐姐从未迟到。凭着坚持不懈的一股劲，她硬是把听话和不听话的孩子们牢牢地拴在了电视机前。

鞠萍："那个年代电视节目虽然少，但因为孩子们接受的新东西也很少，电视就成为一扇绚烂的窗户，孩子们能从这里了解很多看不到的东西。而今天的孩子就不一样了，手机可以玩游戏，平板电脑可以看片子。现在已经没有人追着某个固定的时间点去看电视了，喜欢的节目他们会自己去搜索，自己去下载。所以我觉得一个节目的好坏，是否受观众的欢迎，很大程度上取决于节目的质量。不像当年，我们就固定个时间点播上半小时，你不看就没有了，因为没有重播，所以孩子们就像特别忠实的粉丝一样，会准点坐在电视机前。而现在不会再有小朋友和家长准点坐在电视机前，他可以去干很多的事情，最后他还能看到自己喜欢的节目。所以我觉得一个优秀的少儿节目，应该是有责任感的，而不是图一时热闹。应该带给孩子们一些正能量，哪怕是知识性的、文明礼仪之类的，教他们在这个社会当中如何与人相处，这对他们良好性格的培养，我觉得是非常重要的。"

在孩子们的眼里，鞠萍是个亲切的大姐姐，而在同事们的心中，她是一个大大咧咧、风风火火的热心肠。

鞠萍："我这人性格比较开朗，而且做幼儿教师出身的人都比较好张罗，爱管闲事。我是山东人又比较豪爽，做事比较麻利，所以跟同事相处得很愉快。记得我第一次主持是在1984年，那时《七巧板》还没有开播，但是正好赶上我们中华人民共和国成立三十五周年大庆，那个时候我还没有到电视台，但是我已经在电视台录制了一档节目叫《欢欢的礼物》，就是一个叫欢欢的熊猫出来庆祝咱们祖国的生日。我就在这个节目里主持，当时因为没有去过北京广播学院，没有学习过任何主持技巧，衣服还是跟我们幼师的老师借的，所以显得挺傻的。"

1985年，鞠萍被派送到北京广播学院学习。北京广播学院的老师在教学上针对性强，因材施教，给鞠萍留下了深刻印象，也使她对家长应该如何与孩子相处有了自己的看法。

鞠萍："很多家长让孩子学这个学那个，我觉得每个人都应该有一个理性的思考，家长不能仅凭孩子的兴趣，你最好能看见你孩子有哪方面的潜质，他适合干什么，还要看他的自身条件，我觉得这才是一个合格的家长。好的家长会给孩子一个非常自由的空间，让他能够把自己的所思所想都告诉你，跟你成为无话不谈的好朋友。即便是孩子长大了，不愿意再跟家长表达了，这时候家长就应该与时俱进，把一些新媒体的东西，什么QQ、微信啦这些东西学会，跟孩子同步成长，这样你才能不落伍，才能成为他们的朋友。所以我觉得做家长的不要老是指责孩子，有的时候也要思考我们自身还有哪些没有做到的地方。"

善于自省的鞠萍没有一刻放松自己，她在人生的道路上和孩子们一起努力，一同成长。做了多年少儿主持人的她，虽然获得了一个又一个专业奖项，但其实她一直很想再正正经经地唱一回歌。于是，1991年，筹备了多年的"鞠萍个人演唱会"在首都剧场拉开帷幕。

鞠萍："因为我小时候喜欢唱歌，嗓子还不错，学的又是专业的美声唱法，所以什么歌都会唱。演唱会是梁左老师给设计的，内容包括童趣啊、我爱动物啊、春夏秋冬啊等等，选的都是些优秀的儿童歌曲。在今天看来，可能当时的画面有些模糊，舞美就是几个小布条拉着，但是歌曲中所反映出的内容，与观众的互动那都是非常好的，我觉得还是挺值得骄傲的。"

在保证电视节目正常录制播出的情况下，鞠萍骑着自行车跑遍了大半个北京，从筹备资金到办演出证、联系演出场地，她始终亲力亲为。除此之外，她还要每天抽出时间和银河艺术团的小朋友们一块排练。演唱会结束后，她又将演出收入全部捐献给了中国少年儿童电视奖励基金会。如今，她又积极投入到一件让自己更加引以为豪的事情当中。

鞠萍："我们拍了一个儿童剧，因为我们频道现在百分之八十都是播的动画片，这也是国产动画发展一个可喜的现象。但自创的、原创的电视节目相对比较少，有些主持人老是不上节目，不跟观众互动的话，他的业务可能就慢慢的生疏了。所以我们就请了中戏的老师和编剧，给我们创编了一个《我爱寓言》的儿童多媒体音乐游戏剧。这个剧在今年暑期当中，在全国巡演了22场，这也算是沾了央视少儿频道主持人的光，在这种名气的影响下，大家还是非常支持的，所以巡演取得了挺好的成绩。它弘扬了我们的传统文化，并通过互动的方式告诉小朋友，如何做一个诚实的人，应该怎样尊敬老人等等。"

也许你会好奇，这个在事业上拥有超强责任心、锐意进取的女人，在生活中，当她面对自己的孩子的时候，会是一个合格的母亲吗？

鞠萍："我觉得在家里用不着教育孩子，就是以身作则吧。因为自己的性格，还有做派都会影响到孩子。我要让我的孩子做一个普通人，让他明白一切都应该是他自己的选择。所以说在我身边没有调皮的孩子，我反而觉得调皮的孩子更聪明、更爱表现自己。其实每一个家长都希望自己的孩子聪明可爱，但是往往有的时候家长的威严会限制孩子的发挥。来电视台参加拍摄节目的孩子，有的时候他刚刚接触新的环境会有一些陌生感，我们需要在很短的时间内和他们打成一片，成为朋友。这就需要主持人了解儿童心理，更要有一些在短时间内与孩子拉近距离的本事。把孩子放在主体位置上，让孩子站在一个台阶上，这样我们不会居高临下地去跟他提问题，我们和孩子在一个视角上看世界，这样你就可以了解孩子的内心。"

看得出来，"了解孩子们的内心，和他们成为朋友"，是鞠萍成为孩子们的知心大姐的制胜法宝。她的心时刻挂念着孩子们，为他们的每一次进步感到欣喜，也为他们在成长过程中所面临的问题感到担忧。

鞠萍："过去我们做儿童节目也就一两台机器，可能你的一些问题得掉过头来再问一遍。现在呢，啪，十台机器十个纽扣话筒，24小时都能拍到孩子最真实的反应和情绪。这是特别值得肯定的，小孩儿他见到我的第一感觉，那一定是高兴，这是最真实的表现。你要说，好，鞠萍姐姐你再来一遍，那可能第二遍就非常假了。所以拍儿童节目的摄像老师要和导演，要和主持人有一个默契的合作，在机器不多的情况下，你一定要先追求真实的那一面。所以我觉得现在的一些亲子类节目，它反映出的那种父子之间情感的真实，是非常可贵的，但是它过早地把孩子暴露在镜头面前，而且走哪儿都有助理跟着，小小年纪就得参加各种秀的活动，那孩子以后上学的时候，他心里可能就有一种和别人不一样的感觉，可能会给他的成长带来一些不方便，就是不能够随心所欲、天真烂漫地生活了，我觉得这是我的一些担忧。"

如今，鞠萍将百分之八十的时间转入幕后，但之前她打造的"围裙妈妈"的形象已经成功地占据了孩子们的心。

鞠萍："'围裙妈妈'现在很有名气，我现在一出去，很多家长之前看过我的节目，就带着小孩儿指着我说这个是'围裙妈妈'。她们已经不叫我'鞠萍姐姐'了，我从内心感觉到，我在三十年主持的生涯里有了一个华丽的转身。对于我来说，其实我最期待做的不是当年的《七巧板》《教折纸》什么的，我更愿意给像 80 后、90 后的这些年轻父母一些生活方面的技能支招，像衣服应该怎么料理啊，太太应该怎么给先生熨衬衫啊等等。现在很多年轻人不会做饭，其实做饭是一件特别容易的事，去饭店多贵呀，你买点西红柿弄点鸡蛋，没十分钟就能炒一盘菜，自己吃着还干净对吧？所以我觉得我很期待做一个像'围裙妈妈的家'这样一个节目，来教年轻人如何料理家务。"

> 别管以后将如何结束，
> 至少我们曾经相聚过。
> 不必费心地彼此约束，
> 更不需要言语的承诺。
> 只要我们曾经拥有过，
> 对你我来讲已经足够。
> 人的一生有许多回忆，
> 只愿你的追忆有个我。
> ……

—— 《萍聚》

这首《萍聚》是鞠萍最喜爱的歌。人生如浮萍，聚散两相宜，如果把萍聚倒过来读，恰巧是鞠萍的谐音。在她多年的电视生涯当中，最令她难忘和珍藏的记忆，就是和观众相遇、相知、相守的那份情。

鞠萍："一代又一代的孩子长大了，我们曾经拥有过的快乐时光，对我来说真的已经足够。但愿他们未来的追忆里，还有个电视里的姐姐叫鞠萍。"

我的欢乐道场

袁刚：出生于新疆石河子市。编剧、导演。1997 年毕业于中央戏剧学院导演系，后留校任教多年。中国电视剧编剧委员会会员、中国电影文学学会会员、北京电视艺术家协会会员。主要作品有情景喜剧《欢乐家庭》《考生一家亲》《万卷楼》《中国孩子之学堂故事》《功夫乐翻天》，儿童素质教育剧《成长不烦恼》等。其中，《万卷楼》荣获第 28 届电视飞天奖少儿电视剧三等奖。

2009 年，一部以讲述私塾学堂发生的故事为主，同时又融合了中国传统文化精髓的情景喜剧《万卷楼》，在各大媒体开播了。它的导演正是执导过多部儿童剧及情景喜剧的青年导演——袁刚。

袁刚："《万卷楼》当时的整体策划方案是我写的。那个时候，只是有一些关于国学普及的栏目开始出现，当时我想，什么是能够从源头开始抓起来的呢？那就是要让孩子们对中国传统文化感兴趣。孩子们喜欢了，那么这个烙印就算是打在他们身上了，是能够伴随他们一生的。这是一个非常好的、潜移默化的、教育的延续。尤其是现在，习主席多次谈到了关于中华传统文化的教育功能，以及对整个社会的稳定、和谐、发展的作用，我觉得做好了都是功不可没的。"

《万卷楼》的故事围绕着私塾先生和调皮捣蛋的学生们展开。虽然有笑星郭冬临的加盟，但实际上，《万卷楼》的主角是六个古灵精怪的孩子。有着多年儿童剧创作经验的袁刚，深知整部剧成功的关键就在这六个孩子身上。只有小演员们找准了，表演调教到位了，整部剧才算成功。所以，为了找到合适的演员，袁刚带着剧组在全国进行了漫长的海选。

袁刚："基本上每一个角色，都可以说是百里挑一。甚至就是为了一个合适的角色，不惜在开机一个星期以后，还在换角色，所以说我们的演员都是经过层层筛选的。因为我个人从中央戏剧学院毕业之后，就在我们学校导演系任教。因为当过几年老师，所以基本上我们在选择演员的方式上，都和中央戏剧学院的招生考试差不多。就是有一试、二试、三试，甚至还会有口试，就是把来试镜的小孩叫来，坐那儿聊天，看看这个孩子的自然反应，反正是经过一系列非常复杂的筛选过程。"

和其他导演挑选演员有所不同，袁刚有自己的一套选人标准。

袁刚："我们戏里演那个叫'门鼻儿'的小孩，当时选他演这个角色的时候，道具组要定妆了，他不敢来了。等他终于来的时候，一张嘴，嚯，那俩门牙都掉了。这选他的时候啊，他的门牙还都在，等到要开始定妆开始拍的时候，他俩门牙都没了。这个孩子就觉得完了，导演肯定不要我了。所以他一进门就很紧张，眼睛就在那儿瞟，然后他就觉得得说点什么。见面的第一句话不是说导演你好，而是一张嘴，露出两个缺了齿的门牙，手一指，说导演你看。我说，哦，没事，你来个绕口令吧。他就开始说绕口令：一道黑两道黑，三四五六七道黑，八道九道十道黑。他就说了这个。说的时候那牙直漏风，就特别有喜剧效果。我当时就乐了，我说你去定妆吧，他一听定妆，就觉得有希望，导演还是要他了，这可把他高兴坏了。"

做喜剧的人一般都有一颗纯洁的童心，和袁刚接触过的人都能从他的身上感觉到一种顽童的特质。再加上他从中央戏剧学院导演系毕业后，选择留校任教，这段经历也使他对教育有了自己的感悟。于是在《万卷楼》中，他把自己的童心和对教育的理解融入剧中，成功地塑造出六个性格迥异却纯真可爱的学生形象。

袁刚："其实孩子在镜头前挺难折腾的,你想,大人演戏他都得有个过程,而小孩子,你要给他说戏,你要让他准确地表达,表演得非常到位,这是有一定难度的,是要靠你的经验去做这件事。而且每一个孩子你在选定他出演这个角色之前,就要能够非常准确地判断出来,有的时候我们也很难判断,所以当时《万卷楼》开机之后也频繁调换演员。就是在拍的过程当中,大部分孩子能够跟上我们的拍摄节奏和步伐,而有一些孩子可能越拍压力越大,他就跟不上我们的拍摄节奏了,所以没办法,只能忍痛割爱。"

曾经有一位朋友这么评价袁刚:"熟识你的人,从你身上真正体会到了厚积薄发的含义,懂你的人,才能感受到你对传统文化一颗虔诚的心。"以寓教于乐的方式,深入浅出地讲解中国传统文化,这是袁刚执导《万卷楼》的特色,同时也使这部剧一举荣获了第 28 届电视飞天奖少儿电视剧三等奖。此后,袁刚又执导了弘扬中国传统文化和美德的情景喜剧《中国孩子之学堂故事》。该剧分为《弟子规》《三字经》《千字文》等五部,第一部《弟子规》的故事发生在传统文化受到西方文化强烈冲击的"民国"时期,围绕一位以新式教学方式,借用《弟子规》教书育人的先生和他的学生们展开的有趣的故事。这一次,袁刚同样以关注教育问题入手,用通俗的语言和喜剧的艺术表现形式,继续向观众传递着中国的传统文化,同时不断加深自己对创作理念的梳理。

袁刚:"我希望我做的每一部片子,都是给自己留下的一个纪念。就是对于自己的创作观念、理念,有一个递进和认同。另外,市场呢它是这样的,你给观众看一个低层次的东西,他可能一开始的时候就接受了,你给他一个越低层次的东西,他的欣赏标准就越低。但是,往上提升也是一样的,你给他一个高点的东西呢,他可能刚开始接受起来会有一定的困难,但是再高点,再高点,他的欣赏标准就会越来越高。那么我们说民族素质怎么去提高？其实就在这一点点地不断拔高。我们下一步要做的事，就是给我们自己的脑子里，填充一些真正有营养的、有价值的精神食粮，我觉得这可能是未来十年、二十年，我们都需要去做的事。那么整个中国人的气质和面貌怎么改变？就从我们这一代人开始。习主席所提倡的，就是回归中华传统文化的一些优良的东西，就是指我们的经济发展到一定程度之后，一定会关注到人文素质的东西，人的品德的问题，这是整个国家和民族发展的一个大趋势。只不过在这个过程当中，我只是做了一点点，就是我认为的既不违背我的良心，又让我能够吃上饭，还能让我在这里面获得一些愉悦的，一些力所能及的事吧。"

作为一个常年和儿童打交道的"大孩子"，袁刚在《中国孩子之学堂故事》的拍摄过程中，在与孩子们一起拍戏的工作中，展现出非比寻常的耐心与爱心。

袁刚："孩子们在拍摄的过程当中，有一个慢慢适应的过程。刚开始的时候呢，要一点一点手把手地去教他们。包括什么是喜剧点、什么是镜头、不要去四处地看镜头等等。但是孩子他就是好奇，你告诉他别看那儿，结果你说完了之后，他就专门看你一眼，他看你这一眼的时候，刚好别的人在演戏，那你这条都废掉了。没办法，在刚开始的时候，孩子们都会有这样的行为表现，都有这样的一个过程。我们就从刚开始的台词接得不准确、咬字不清楚、逻辑重音不对等问题，那么一点点、一点点地调整、调整，再调整，这就需要有非常强的耐心。这个就像在实验室里面培植一棵小幼苗一样，你需要有一定的时间去等待，你要去浇水，去施肥，要看它的温度、湿度，要看阳光。嗯，可能突然哪一天，一觉醒来之后，哎呀，它发芽了。它发芽的那一刻呢，让你觉得，嗯，它终于有这成长的一刻了，早了、晚了，都会有这么一刻的。所以说每一个孩子，都是老天爷赐给我们的天使，就看你怎么去让这个天使展露出他的光芒。"

情景喜剧是一个需要各个工种部门之间高度配合的艺术门类。它的成功是编剧、导演、演员等各个环节高度配合的结果。而衡量一部剧的好坏，起决定性作用的是编剧的水平。因此在袁刚的作品中，他不仅自己担纲了导演，而且还兼任了编剧的工作。

袁刚："从2001年进入情景喜剧这个行业，拍了两部情景喜剧《欢乐家庭》和《考生一家亲》开始，我就已经意识到编剧在一部剧中重要性的问题了。所以从那个时候开始，我就慢慢地让自己进入情景喜剧的编剧行业，就是自己要能够编、能够导。创作一部优秀的作品，你首先得要有一个非常硬的剧本，然后再选择适合角色的优秀演员，最后再把其他工种都经过严格的筛选组织到一起，那么这样一个班子就会是一个非常强有力的班子，就会出一些好作品。所以说目前咱们中国影视的发展过程，也是由导演中心制开始，到现在变成明星中心制，慢慢即将过渡为编剧中心制、制作人中心制。就是汇集所有人的智慧，以编剧为基础，以导演为核心，然后大家在一起制作，最后由制作人把关，就按照这么一个严格的制作流程去完成艺术创作。"

"含泪的微笑"是每一位执着于创作喜剧作品的人，所追求的终极目标。擅长儿童情景喜剧创作的袁刚，尤其喜欢用喜剧的外壳、通俗易懂的情景故事来消化大道理，展现一种大情怀。

袁刚："情景喜剧是我特别喜欢和钟爱的一个艺术门类。其实，每一个喜剧角色，都具有一个悲剧的人生。所以你看电影《美丽人生》中的那位父亲，看似他的行为是搞笑的，但实际上他这种喜剧的、乐观向上的力量是非常强大的。还有著名喜剧大师卓别林，我觉得他的每一部作品的力量都是非常强大的，绝不是为了搞笑而搞笑，那就没有价值和意义了。情景喜剧可能继续往前走下去，因为中国电影中的喜剧作品实际上是很少的，所以我也想要坚持喜剧创作，说不定哪一天我的一部喜剧作品就从电视剧版变成电影版了，嗯，我相信会有这么一天的。但目前，我觉得我还是踏实走好现阶段的每一步吧。不断去挖掘一些好的题材，自己能写呢，就认真地写，自己能力有限的时候，就请一些更好的合作伙伴，共同去创作。"

因为在儿童情景喜剧领域的出色表现，袁刚成功引起了国际同行的注意。美国迪士尼公司特意邀请他拍摄了一部系列喜剧《功夫乐翻天》。

袁刚："这部剧在美国现在已经拍到第四部了，中文翻译叫《欢乐道场》。讲的是几个十三四岁的学生，学习中国功夫的事情。因为这部剧是跟中国文化息息相关的，所以在美国播出之后，连续四年都是收视冠军。美国的孩子特别喜欢中国功夫，而整部剧潜移默化地讲述了中国文化中体现的团结、勇敢和忠诚。剧中朋友之间相互帮助的情义，就体现了咱们老祖宗所说的仁义礼智信中的这个义。后来我去美国，看他们拍摄的现场。发现在美国，情景喜剧是一个大的剧种，几千平方米的大型摄影棚一个连着一个，里面都在拍摄着各种各样的情景喜剧。有的是拍给五六岁的孩子看的情景剧；有的是拍给年龄稍微大一点的孩子看的；有的是专门拍给黑人看的；有的是拍给白领妇女看的。所以从他们那里我也取了些'真经'，学到了情景喜剧最先进的拍摄流程，而这个流程，决定着美剧为什么能够行销世界。美国同行会把每一个环节做到最标准、最完美，所以他们不会出现上一集水准高，下一集水平差这样参差不齐的状况。这是他们的一种职业精神。而且他们剧组的工作从不熬夜，一下班，每人各自开着自己的车就回家了。绝对不会为了能够节省预算，拼命地在那儿拍。美国同行都是在一个非常宽松的创作环境中做喜剧。所以说喜剧是碰撞出来的，首先得有一个愉快的生活氛围，然后才能产生出来。"

中国情景喜剧的前景到底如何？国民的整体素质是否在稳定提高？观众对情景剧的接受程度是否存在偏差……从美国回来后的袁刚，针对这些问题进行了更深层次的思考。

袁刚："任何题材的东西，我觉得都有前景，为什么呢？因为在各个行业领域，只要做到第一，你都可以有立足之地。情景喜剧这个产业，本身就对剧本、对演员的要求比较高。随着中国影视产业的发展，各大艺术院校一改以往只招俊男靓女的做法，现在只要你有才华，都可以进入这个行业。再加上一些社会上的选秀节目，实际上也是给具有一定才华的年轻人提供了更多成功的平台。那么喜剧现在也有了一些特定展示自己的平台。所以，只有平台托起来以后，将来拍情景喜剧、轻喜剧的机会才会越来越多。"

袁刚不仅痴迷于讲述喜剧故事，而且还始终保有一颗真挚的童心。

袁刚："因为我经常往来于新疆和内地之间，我就觉得，新疆拥有非常广袤的土地，是一个非常好的影视拍摄基地。但是很多人对这点并不了解，每次回去的时候我都有些遗憾。我是从新疆走出来的，记得当年我到内地去上大学，一进宿舍，我同学就问我，你们那儿上学是骑骆驼还是骑马？我就开玩笑说我们家有两匹马、一头骆驼，还得换着骑，今天骑骆驼，明天骑马。说完之后他们都用非常认真的眼神看着我，就觉得好像我描述的生活就是新疆的生活。其实我想告诉他们，我们那儿早都已经有楼房、汽车了，跟内地的差距并不那么大，但是他们就会产生这样一种很奇怪的想法，一直到现在可能有的人还会这样去想。没有去过新疆的人，可能觉得那儿就是一片草原和荒漠。所以我说，有机会的话我还是想拍一拍我们新疆。选择一个独特的角度，用一种比较特殊的情怀去向大家介绍这个地方生活的人们。"

谈起新疆的风土人情，这个西北汉子总是滔滔不绝。在他的心里，家乡是一个独特的存在，是他选择坚强、奋斗不止的原动力。

袁刚："我们新疆兵团啊，有来自全国各地的人。他可能来自上海，可能来自北京，还有些人来自其他的一些省份。他们都是到了一个新的环境当中，去适应新的环境，改变自然，建设出来一个新的城市。我们兵团现在和内地的差距在逐渐缩小，实际上这都是几代兵团人的努力。那么我作为第二代兵团人，等于是从兵团走出来，然后到内地接受教育。但实际上，前二十年在兵团的这个烙印，已经打在我们身上了。我们在北京的很多同学经常会找新疆办事处进行聚会。可能吃的饭不是新疆饭，但是喝的酒一定是新疆的酒。我们觉得这就是家乡的味道，在外面无论受了多大的委屈，只要想到家乡都能非常坦然地面对。因为我们在新疆见过比这个更艰苦的环境，更恶劣的气候条件，还有什么能比？还有什么不能忍受的呢？你像当年我们北漂住个地下室，那地下室可比我们父母当年住的地窝子要强多了，对不对？就算你在外面受了点委屈，多付出点，那可比在农场拾棉花睡地铺强多了，是吧？所以要这么去想，其实年轻的时候吃点苦也没什么，这只是一个过程，总有这么一个过程的，过了之后就好了。"

在艺术的道路上，特别能吃苦的袁刚，用自己独特的喜剧视角，用西北汉子博大的艺术胸襟，用专业院校扎实的专业功底，为我们打造了一个干净、纯洁、充满幸福感的儿童乐园。在他创造的小世界里，没有故意丑化的人物，没有时髦的网络用语，没有钩心斗角的成人世界。这里有的是欢乐，是满满的中国传统文化的正能量。这里是他的地盘，他的欢乐道场。

袁刚："我觉得这个社会不缺乏聪明人，也不缺乏投机取巧的人，但是现在的中国缺乏的是一种认认真真、埋头苦干的人。我也经常跟我周围的朋友在探讨这个问题，我说你为什么要从事这个行业？你是为了生活呢？还是为了挣钱？还是为了什么其他的原因？我说如果你是为了挣钱的话，你就不要选择这个行业。因为我觉得很多东西用金钱很难去衡量。我说人应该要在工作的过程当中，去享受你的生活，享受你的职业、你的兴趣和你的整个生活都融在一起的这个感受。这才说明你是真正地活过一次。你愁苦也好，高兴也好，至少你做的这件事情，是具备正能量的，传递的是正确的价值观。每一代的人所面对的问题都不相同，但又大致相同，困惑一直存在。所以你得敢于去尝试，去多吃些苦，把这些苦当作你的乐，这就是我们常说的苦乐参半。所以吃苦并不可怕，如果了解了吃苦的意义的话，那么苦就不称其为苦了，它只是你在人生过程当中必须要停留的一站。"

音乐人生

第五辑

在灿烂阳光下

印青：中国音乐家协会副主席，中国音协创作委员会主任，中国文联第八、九届全委，全军艺术指导委员会委员，解放军总政歌舞团一级作曲、原团长，享受国务院特殊津贴专家。创作各类音乐作品 1500 多部，代表作有歌曲《走进新时代》《西部放歌》《天路》《江山》《当兵的历史》《在灿烂阳光下》……其作品多次获得中宣部"五个一工程奖"、国家文化部"文华奖"、解放军文艺奖、中国音乐"金钟奖"、中国"金唱片奖"等奖项。

有没有那么一首歌曾经深深打动过你，有没有那么一个人曾经令你觉得高山仰止、难以企及……印青，在我心目中就是这样一个人。听他创作的歌曲，你会觉得那熟悉的旋律仿佛在血液里自然流淌，音符中喷涌而出的激情仿佛在舌尖上、心头上来回滚动。

作为入伍近四十年的军人，印青创作的作品绝大多数表现的是时代的变革，讴歌的是民族精神，赞美的是我们伟大的祖国。所以，这些歌曲一经传唱便家喻户晓，深入人心。从《走进新时代》到《在灿烂阳光下》，从《西部放歌》到《天路》，印青用音乐记载了近年来中国改革开放的编年史，为身处发展变革中的中国人，提供了强大的精神动力。

印青："我希望在保有对音乐的热爱和掌握音乐创作技巧的前提下，更多一些对社会的责任感，说大一点就是对国家、对民族有一种责任感。

其实我二十多岁的时候就已经开始在想，那些二三十年代的作曲家从海外归来后，是本着用音乐来救国这个理念进行音乐创作的，所以他们留下的作品，被当作那个时代的精品永远留存下来。我也希望我们现在不要光顾着去挣钱，尽管挣钱也还是需要的，但是作为一个创作者来讲，还是要为这个时代留下好的作品。按照现在国家要发展、民族要走向复兴这么一条高标准的总目标，我们今后文化要怎么发展呢？这就要求我们对艺术要有更深、更高的认识，需要我们敢于付出，真心愿意为艺术、为创作、为音乐去付出。"

正是因为印青有着强烈的社会责任感，他的作品才会有感而发，充满爱国情怀，引领着主旋律歌曲的创作潮流，代表着主旋律歌曲的风尚。

从小爷爷对我说

吃水不忘挖井人

曾经苦难才明白

没有共产党哪有新中国

从小老师教我唱

唱支山歌给党听

几经风雨更懂得

跟着共产党才有新中国

……

——《在灿烂阳光下》

这首四部混声合唱的大型作品《在灿烂阳光下》，是印青为庆祝国庆五十三周年而作。时至今日，只要它的旋律响起，依然能令每一位中国人热血沸腾、热泪盈眶。然而在创作之初，印青碰到了不小的难题：由于这首歌词是赞颂式的，就从根本上限制了作曲家创作这首歌曲的风格。印青通过对歌词的仔细审视，不仅准确地诠释了歌词所要表达的感情，而且通过声部的逐步引入，加强和声的效果以及反复的创作手法，由抒情到激昂，多层次、多维度地铺陈作品，使之最终呈现出深情细腻、大气磅礴的音乐气质。

印青："其实我创作的所有歌曲都比较强调情怀，这种情怀是大美的情怀，当然那种小美、小感觉我也不排斥，有时偶尔也写点那样的东西，但我更多的还是写一些比较大美情怀的东西，崇尚境界比较高的一些东西。音乐有很多种，类型也很多，有比较娱乐一点的，有比较严肃一点的，有所谓比较高尚一些的，也有一些比较通俗易懂的。而我多年来追求的是一种能把很多元素集中在一起的，既贴近百姓、贴近战士，又贴近我们普通群众，反映他们喜闻乐见的东西，让他们自己觉得很好听，能受到一些感染，产生一种感触，同时又能带给他们一种启迪。这种启迪不是我们通常说的那种政治教育，而是一种精神上的引领。"

印青用自己的一番真情为创作注入了灵魂。几十年来，他创作了大量歌曲，囊括了国家、部队的所有奖项，还写了不少歌剧、舞剧、音乐剧、影视剧音乐……

印青："我写的作品，受众面不光是年轻人，我追求上至八十岁的老人、下到八岁的儿童都能接受、喜欢。这样要求就很高，它要求你的音乐既要有民族文化的根，但又不过于传统，过于僵化和陈旧。它还是有新意的，这个新意就是要有种时代气息，把它灌输在你的音乐中，要想很多办法。"

印青具有的这种极高的艺术天赋多半源于他的勤奋，但也不能忽视家庭对他的影响。他出生在江苏镇江的一个军人家庭，父亲是打过仗的老红军，母亲是名歌唱演员。印青的童年是在随母亲外出演出中度过的，音乐的启蒙也是在那个时候开始萌芽。十岁那年，印青在父母的督促下开始学习小提琴。六年后，他带着自己的音乐梦想，与众多知识青年一起来到江苏省建设兵团，成为一名小提琴手。就在这个时候，夏日里某个炎热的夜晚，一场例行演出，毫无预兆地改变了他的命运。

印青："那天晚上，有一个解放军干部发现了我，认为我小提琴拉得不错，问我愿不愿意当兵，我说当然愿意。就从那天开始，我成为了一名军人。"

　　来到部队的印青感到如鱼得水。他立志要当一名好兵，并且下定决心，无论如何都决不放弃自己的音乐梦想。白天，他和战友们一起训练、劳动。夜晚，当熄灯号响起后，他又撑着疲惫的身躯，伴着煤油灯微弱的光芒，在战友们的鼾声中开始了自己的音乐创作。18 岁那年，他带着自己的处女作《我是个架线兵》参加了军区的汇演。在那个年代，作为一名战士能参加军区的汇演算得上是一种很高的荣誉，这给印青的创作带来极大的鼓舞。此后，一场 20 世纪 70 年代发生在祖国南疆边境线上的自卫反击战，燃起了印青作为军人的满腔热血。于是，他用饱满的热情，以笔代枪创作出了一组展现爱国主义情怀的军旅歌曲。

　　印青："战士受这种音乐的感染，他才会拿起枪去保卫祖国、保卫人民。当然也不排斥他们喜欢一些流行歌曲，对待战士，还是要给他们正面的东西，这就要求我们不能光迎合，还要引领。我是从 20 世纪 80 年代开始把流行元素加到音乐里的，并在流行的元素上加了军旅那种比较强悍的感觉和节奏。但也不能把军旅歌曲写得太教条、太僵化，而是既要继承老一辈艺术家军队传统的音乐元素，也要注入新的元素。军队是一个高度集中的武装团体，所以一定要给一个正能量的东西，可以吸收很多流行音乐的元素，但整体风格是堂堂正正、泱泱大国的一个充满正气的东西。"

　　本着这一理念，印青带头成立了一支当时在军中久负盛名的七人组合乐队——北斗星小乐队。并带领这支乐队参加了全国、全军的多次文艺调演。他们曾五上北京，六进中南海，为中央领导做汇报演出。印青本人也为小乐队创作了不少歌曲，其中便有他的成名作《当兵的历史》。"十八岁，十八岁，我参军到部队……"轻快而激昂的旋律，鼓舞着一代又一代的年轻人走进军营。

　　印青："创作《当兵的历史》是在 20 世纪 80 年代，那时还是南疆自卫反击战的时候，部队出现了'当兵吃亏'论的说法，所以就创作了这首歌，扭转了大家的观念。如果我没有当兵的经历，根本写不出这样的语言。当时我们小乐队在一起讨论，就想写这样一首歌。用什么角度切入？用什么样的方式方法？用什么样的题材来表现？我们一起研究。后来终于找到一个角度，就是当兵的历史。十八岁、十九岁、二十岁，这三年刚好是当兵的三年义务兵制，就用这三年的历史把一个战士作为一个军人的那种自豪感，那种荣誉感，那种'生命里有了当兵的历史，一辈子也不会感到后悔'的情怀写出来。音乐要充满阳光，它不一定要写得很大，但是它要充满了自豪感，要有一种帅气。加上当时学习到的流行音乐的一些元素，就是架子鼓啊、迪斯科啊那种节奏放进去，当时觉得很新鲜。我记得这首歌演唱完了以后，时任南京军区的副司令（一名一级战斗英雄），立马就从他的座位上站起身，向舞台敬了个军礼，那个场面我永远也忘不了。"

印青创作的歌曲，总是充满深情、充满正能量，令广大军人在聆听时，时而热血沸腾，时而温情满怀、思绪万千。

"人海茫茫，你不会认识我，我在遥远的路上风雨兼程……"这首《当你的秀发拂过我的钢枪》原是印青1991年为12集电视纪录片《边关军魂》创作的主题曲，它讲述的是祖国边防哨所战士们的戍边生活，生动地描绘出边关军人的豪迈之情。这首歌不仅展现了印青娴熟的作曲技法，更传达出他本人的一种创作理念。

印青："根据我多年的创作经验，其中起最大作用的还是理念，理念在最顶层。这么多年来我感到创作分几个层面：第一层面是情感，就是你写的东西要以情动人，以情感人，我觉得这是最浅层次的，是必须要做好的；第二个层面是精神，是在感情之上也一样能感受到音乐里透露的一种向上精神、一种力量、一种情怀，这种精神它是超越情感之上的一种东西；再上一层就是理念了，你写的音乐是为谁写？给谁听？谁听了以后会有什么感受？你的出发点是什么？在理性上你要特别清楚。比如说我在写《江山》这首歌的时候，一般听的人会认为这是一首歌颂党和人民群众关系的歌，而我当时在创作的时候产生的一种理念是：它是一种警示、一种呼吁、一种呐喊。就是说老百姓是天，老百姓是地，老百姓是共产党生命的源泉，一个党员如果你把这句话忘了，那水能载舟也能覆舟。当时就是怀着这么一种心情写的，就是要告诉我们所有的共产党员，要把老百姓的利益放在心上，我是带着这么一种理念，用那种近乎呐喊的音乐语言来传达。但是老百姓他未必懂，他不知道你这种理念，他就觉得听得很酣畅、很过瘾，好像说出了他们心中要说的话，所以我的这首歌就是通过音乐语言说出来的。当然我也可以写得很柔美、很活跃、很阳光，但是因为我有了这种理念，它才有一种升腾感，近乎呼唤的一种感觉。这是理念在起作用，也就是说你理解的高度到了什么程度，你的音乐就能到什么高度。"

从业余演出队的普通战士到著名作曲家，印青一路走来创作了上千首歌曲。因为卓越的创作能力，他一路挺进南京前线歌舞团、挺进伟大祖国的首都——北京。然而，来到北京的印青遭遇了前所未有的巨大压力。

印青："到了北京，接触了很多北京的作曲家把我吓了一跳。北京人的歌曲写得很大气啊，有皇家气派。北方的音乐还是很有雄性气质的，跟南方的阴柔气质相比，差别比较大，当时我很受震撼。"

为了尽快适应新的环境，融入新的领域，印青在不断接触同行高手、互相切磋、开阔眼界的同时，深受启发。他汲取南北方音乐的精髓，努力寻求一种南北方音乐融合一体的创作方法。

印青："融合，就是要把不同的风格融合在一起，也包括南北音乐的嫁接，就是要把北方豪放大气的东西和南方优美阴柔的东西结合在一起，让它同时具有两种情怀，一种是热情奔放，一种是细腻、委婉、深情。可能这样就会形成一种比较独特的感觉。所以我就开始努力地学习北方的音乐，原来研究南方音乐较多，现在慢慢开始把西北的、中原地带的河南豫剧、河北梆子，包括新疆地区、蒙古地区的音乐元素加进去。后来就发现其实不管是在南方、北方、东部、西部，人的感情都是一样的，都需要一种很真诚的东西。"

找到诀窍的印青并没有如释重负，他反而比以往更加谦虚、谨慎、勤奋、认真。每当一首歌曲创作完成，他都要请乐队和不同的演员前来，将歌曲制作成小样，带回家仔细琢磨、研究。同时他还会分别请不同的人来听，询问他们的感受和意见。但凡觉得有一点不够好，他就会反复进行修改，直到自己满意为止。

印青："你的音乐里要挖掘出你的真情，不是矫揉造作的那种感情。完全为技术而技术那肯定是不足的，情感泛滥也不行，写得富丽堂皇、高高在上、不接地气，那也不行。音乐里面你要找到最深层的东西，那首先你自己要真实，你写这个作品是带着一种很真实的情感，对音乐很真诚，对你写的内容也要怀着一种真诚的情怀。你说老百姓不懂音乐? 其实他都懂，他能辨别出来，虽然他无法在理论上跟你阐述分析，但他能感受到你所传达的真情实感。"

印青把自己的事业比作数学中的一道方程式，他说乐趣就在求解的过程中。他认为，要得到就要有所付出，没有得到，那说明付出得还不够。1997 年 9 月 12 日上午 9 时，党的十五大胜利召开，在开幕前五分钟，一首气势磅礴、满怀深情的 MV《走进新时代》震撼了等待收看大会盛况的亿万军民的心。印青创作的这首歌以委婉动人的旋律、铿锵有力的节奏和丰富的音乐语汇奏出了新时代的强音，唱出了人民的心声。

印青："首先这是重大题材，是在 1997 年党的十五大要召开，香港要回归的前提下，提出了要把什么样的中国带到新世纪这么一个观点和理念。我当时听到这个很兴奋，于是写了《走进新时代》。怎么去把握当时老百姓的心理状态，我也是想了很多。第一稿我不满意，因为当时只花了一个小时就写好了，写得宏伟、高大上，后来我觉得这样的音乐不行，缺乏与心灵沟通的语言，是脱离群众的。"

一直熬到凌晨 3 点，印青决定将一切构思推翻重新再来。直到第二天早上 6 点多，终于大功告成。在重新写好的曲子中，间奏部分采用崭新的形式，打破了以往的创作规律，整首歌曲在思想上更加突出了老百姓的主体地位。

印青："要更加人性，要让老百姓有种看到了希望的感觉，要让下到八岁，上到八十岁的人都有那种感觉，要让群众更喜闻乐见。一定要把柔美的、气势的、诉说感和激愤同时糅入到里面。"

一路走来，印青完成了一个战士到艺术家的成熟转变。他成功了，在共和国走进新时代的同时，他的音乐艺术也走向了辉煌。

2001 年初夏，为了给"八一晚会"写歌，印青前往西藏采风。就在这个时候，党中央、国务院在 21 世纪之初做出的建设青藏铁路的伟大战略决策开始施行了，一条神奇的天路翻山越岭，在西部大开发的征途上大步向前。

清晨我站在青青的牧场
看到神鹰披着那霞光
像一片祥云飞过蓝天
为藏家儿女带来吉祥
……
那是一条神奇的天路
把人间的温暖送到边疆
从此山不在高
路不在漫长
各族儿女欢聚一堂
……

——《天路》

这首《天路》一经问世，便迅速传唱大江南北。谁都没有想到，从接到这首歌曲的创作任务，到确定歌曲题材，再到歌曲完成，印青只用了一个星期的时间。然而，正是这首歌，让世人沉醉于歌曲的情怀，惊艳于印青的才华。

印青："我当时在写的时候有两个想法，第一个因为它是青藏铁路开通以后，一个小女孩站在高高的山顶盼望铁路修到家乡。就音乐本质上，它呼唤的是一个民族的融合，一种团结。不管是汉族、藏族，还是各族人民，都是一个中华大家庭。我用的音乐语言有很多是西藏的元素，但远远不止，还包括中原和江南一带的元素，都融进去了，所以它能够被老百姓所接受，我觉得这是一种音乐上的融合。然后在境界上它是一种非常辽阔的，非常向上的，充满了大爱的情怀。"

令印青没有想到的是，在国外《天路》也一度成为传唱率最高的华语歌曲之一。这让印青对歌曲创作产生了更深层次的思考。

印青："这首歌在国外我也听到过不少次，我曾经跟法国的一位官员聊起这首歌，他说《天路》这首歌让他很受启发，不仅让他认识了中国，还让他觉得中国人是有美好情怀的，中国人的情感世界是非常丰富的。他说《天路》带给他们的震撼，就是那么一种很博大的感觉。他的话给了我一个很大的启示：就是我们在创作音乐的时候，一定要思考什么样的音乐是真正代表我们中国人的内心世界的？那种我们所崇尚的真善美，是一种感觉、一种情怀，是我们对未来美好的一种心愿。它一定不是狭隘的，而是很宽广的，至少在音乐这个领域我要传递出去，要让全世界的人民通过这样的音乐来认识中国。"

如果把音乐比之为信仰，那么印青就是信仰坚定的不懈奋斗者。他从不把音乐创作看作谋生手段，而是把它当作毕生热爱的事业来追求。这种不带任何功利色彩的、认真的创作态度，使他虽不曾刻意追求成功，成功却一次次与他握手。

印青："跟我合作过的人都知道，我对作品的要求是很细的，连录音师都害怕我。因为我特别较真，会一句一句地抠，是个完美主义者。我也经常开玩笑，说我印青的作品成活率高，高在哪儿？就是我每个环节都不放过，包括配器、制作、录音、排练、乐队指挥，每一个环节我都不放过。我从来不对付，给任何地方写歌都不对付。比如说给某个地方写首歌，如果我不能去，我会把那里的文字资料全部下载下来反复看，了解当地所有的资料，再认真思考一段时间，要做很多前期的功课，最后再写。"

和印青合作过的歌手们曾这样评价他：

"印青老师是一个非常敬业、非常认真的人。他会把每个歌手的特点，包括他的音色都会分析得非常透彻，然后才会去写歌，所以他的每一首歌都是精品，都非常棒。"

——谭晶

"他其实是非常低调的一个人，很能沉得下来。能够做到今天，按道理说应该在中国乐坛上，他也是拥有很重要的一席之位，但到今天他最大的一个特点，仍然是很低调。"

——阎维文

"他是一个真正意义上的艺术家，他能够把人民的心声，把军队的心声，把子弟兵的情感，通过他的作品淋漓尽致地表达出来。"

——王宏伟

"他把自己想说的东西，把对生活的感悟，所有的一切，都用音符的形式呈现给大家了。我想在我眼里，他是一个真正的音乐家，一个语言不是很丰富，话不是很多的，一个真正的音乐家。"

——韩红

敢问路在何方

蒋大为：中国男高音歌唱家。国家一级演员，国务院特殊津贴获得者，中国音乐家协会会员。被誉为改革开放三十年"开拓型歌唱家"。1989年，其演唱的《牡丹之歌》荣获中国音乐（音像）界国家级别大奖"中国首张金唱片奖"，现被中国国家博物馆收藏；创作的《骏马奔驰保边疆》荣获全军战士最喜爱的十大歌曲之一；创作演唱的《最美的歌儿唱给妈妈》获"五个一工程奖"和"唱响中国——百姓最喜爱的十大歌曲奖"。2009年，在"2009中非工业合作发展论坛"上获得"中非艺术家"称号，被授予民委突出贡献专家。入选人民网评选的"人民喜爱的60位艺术家"，由他作曲并演唱的《说中国》《和谐家园》两首歌入选中宣部100首爱国歌曲大家唱曲目。

在《桃花盛开三十年——2017蒋大为70圆梦独唱音乐会》的现场，蒋大为一开嗓，唱出了"在那桃花盛开的地方，有我可爱的故乡……"，熟悉的旋律，高亢嘹亮的歌声，饱满的情感，大方得体的台风……观众疯狂了，现场沸腾了。

这不仅是一次经典的重现，更是蒋大为50年艺术生涯的圆梦之作。多年前，他曾许愿："要像男高音歌唱家帕瓦罗蒂一样，在70岁时依然能开独唱音乐会。"如今，他多年的夙愿得以实现。《牡丹之歌》《骏马奔驰保边疆》《最美的歌儿唱给妈妈》……音乐会上，蒋大为深情演绎了多部经典作品，向观众们展现了绝佳的演唱功力和艺术底蕴。在 3 个多小时的视听盛宴中，为观众带来无与伦比的艺术体验。

蒋大为："今年我 70 岁了，同时也是我从艺 50 周年。我感谢祖国，感谢领导，更感谢 50 年来一直喜爱并支持我的歌迷，是你们给了我歌唱的动力，让我的歌声一直保鲜，所以我要将我最美的歌献给祖国，献给党，献给父老乡亲。"

在蒋大为半个世纪的演唱生涯里，他已经记不清唱过多少次《在那桃花盛开的地方》，但是在 1984 年春节联欢晚会上首次演唱这首歌，却让他记忆犹新。因为在那一年，37 岁的蒋大为首次登上春晚舞台，就得到了全国观众的认可，由他演唱的《在那桃花盛开的地方》也迅速流传开来。这首歌曲原是作者邬大为在珍宝岛自卫反击战前线采访时写下的，蒋大为在首次接触这首歌曲的时候并不了解它的创作背景。而当时正值中国改革开放，蒋大为便赋予歌曲新的含义，用在春天盛开的桃花来比喻改革开放初期的中国。借着春晚这个舞台，蒋大为不仅让全国观众喜爱上了这首歌，更接受了他这个人。

蒋大为："我很荣幸，赶上这么好的一个时代。改革开放了，正好是我最年轻力壮，人生最好的时候。有幸唱了那么多好歌，并能保持到现在，我是非常幸运的一个人。其实我就是一个业余出身的歌手，一天音乐学院没有进过，但是能唱到现在，除了本身对音乐的热爱以外，就是我用功。我是用脑在学，每天都在学。你看我今年 70 岁了，我还在学。这就是我，是我成功的秘诀。我就觉得，艺术这个东西，不是靠学历来衡量的。艺术只有高低，没有专业和业余之分，只有职业和非职业的差别。不能说专业水平就高，业余水平就低，不是这样。其实我们所有人都是从业余走进专业，从非职业走进职业，这个路子都是一样的，只不过是有人通过学校，有人从社会直接进入职业领域。所以我觉得，艺术这个东西其实靠的是天赋和个人的悟性。"

有着歌唱天赋的蒋大为，儿时的梦想是成为一名画家。在学习了 8 年西洋画之后，他选择报考中央工艺美院。生活却给他和他们那一代人开了一个不小的玩笑。

蒋大为："我高中毕业那会儿正好赶上上山下乡。我是天津人，作为一个大城市的孩子一下子到了农村，那可就是真正的农民了。因为是带着户口过的，城市已经没有我们的户口了，我们就在农村落户了。跟农村社员一样，干活拿工分，农民干什么我们干什么。从春天播种，到铲地、锄草，最后到秋收、打场，把粮食装进仓库，这一年，就算完了。我是 1968 年插队到内蒙古乌兰浩特的，组织把我分配到一个生产队里。由于我当时有点特长，会唱歌，后来部队就把我招走了。"

1970 年，在内蒙古当了两年知青的蒋大为，走出了大草原，进入吉林省森林警察文工团，成为一名文艺兵。

蒋大为："当时我们宣传队在长春，一半过着连队的生活，一半过着部队文工团的生活。每年我们有半年时间到各个基层连队去慰问演出，另外半年时间在训练，和战士一样，站岗、放哨、巡逻……"

火热的生产生活，真挚的战友情谊，成为他歌曲创作的源泉。凭借自己的创作才华和演唱实力，蒋大为开始在部队小有名气。

蒋大为："我在吉林省森林警察文工团待了 6 年，其间我自己创作了一首歌曲《采伐工人心向党》，当时在东北很流行。到了 1974 年，我又为长春电影制片厂的一部电影《青松岭》录了歌曲，当时在全国影响很大。到了 1975 年，吉林省派我参加全国独唱独奏调演。那个时候全国没有比赛，每年只有一次调演，就是各个省派一个团到北京来演出，我就被选派了。在北京期间，有好几个团当时就想调我，最后是中央民族歌舞团动作快，不到二十天就把我的手续关系全部办走了。后来我回到东北以后，部队不希望我走，很多首长就劝我，包括长春电影制片厂也来找我，吉林省歌舞团也来找我，问我能不能留在本省，不要到北京去。当时我也比较年轻，什么都不太懂，就觉得北京好，北京有那么多名人，那么多名家，我有很多学习的机会，有很多唱歌的机会。当时也没想出什么名，那时候我们就是热爱音乐，热爱唱歌。而且在那个年代，你就是出了名也没有什么利，只是有名气了，说明你歌唱得不错，大家知道你了，也就是有个工作而已，没有别的什么。所以我就决心到北京去，事实证明，我的选择还是对的。"

1975 年，蒋大为来到中央民族歌舞团报到。报到第三天，他就接到了演出任务。

蒋大为："当时民族歌舞团的演出，没有任何排练，连服装都没有。我就从仓库里借了一套中山装。因为没有伴奏，我只好找了我一个老乡，他手风琴拉得特别好，就请他来给我伴奏。结果，我印象特别深，1975 年 12 月 6 日那天晚上，在北京红塔礼堂，把我放在上半场的最后一个节目，结果一唱就火了。到了两天后的演出，就把我放到整场晚会的倒数第二个节目。倒数第二个节目是什么概念呢？那就是压轴戏了，一般是这个团最棒的演员才能放在那儿。"

因为出色的专业表现，在各方面硬件条件都具备的情况下，1985 年蒋大为被任命为中央民族歌舞团团长，正旅级。那一年，他才 38 岁。

蒋大为："那时候压力确实很大。因为我太年轻，做领导工作经历又太少，因为一直在做演员工作嘛，所以一下把我提到一把手，那个压力可想而知。过去叫党委分工负责制，从我那时候开始叫团长负责制，就是你是一支笔，你是法人，一切都是你说了算。我每天是很辛苦的，早晨起来 8 点要上班、坐班，然后下了班，提了演出服，还要跟大家一起去演出给团里挣钱。中央民族歌舞团是个特殊的团体，是由少数民族艺术家组成的，而我本人是汉族，而且比较年轻，再加上中国刚刚改革开放不久，很多东西没有捋清、捋顺，做这样的团长就比较难。后来我还是放弃了团长的工作，回到舞台上。因为我觉得，从我的工作经历，从我的角度，觉得还是由少数民族同志或年纪更大一点的同志当团长更合适一些，所以我就让了，就辞掉了团长，我觉得我作为歌唱家比做团长更合适。"

在人生的道路上，很少有人能清楚地知道自己要什么，该怎样走自己的路。大多数人穷其一生在困惑、在挣扎，而蒋大为在短暂的困惑、磨砺和挣扎之后，大胆、果决地选择回归舞台，继续成就自己的音乐梦想。在继《红牡丹》唱红之后，他又把《骏马奔驰保边疆》和《北国之春》唱遍大江南北。

蒋大为："我记得那是 1977 年广州秋交会的时候，当时我在广州最大的一个剧场演出，叫中山纪念堂，能容纳 3000 多人。当时我唱了 11 首歌下不来，后来，一位后台老大姐跟我说，她说蒋老师，你是最红的演员，当年才旦卓玛老师在这儿唱 9 首歌，那已经是纪录了，你现在唱了 11 首歌，突破了她的纪录。这就说明当时受大家欢迎的程度了。由于我的成名曲太多了，每次演出的时候，这些经典歌曲不唱完，观众就不放过你，所以后来他们开玩笑给我起个外号叫'蒋八首'。"

你挑着担我牵着马

迎来日出送走晚霞

踏平坎坷成大道

斗罢艰险又出发

啦……

——《敢问路在何方》

这首《敢问路在何方》是蒋大为为 1986 版电视剧《西游记》演唱的片尾曲。电视剧一经播出，这首歌便成为中国观众心中又一不可复制的经典曲目。

蒋大为："当时我在中央电视台录另一首电视连续剧的主题歌，刚好借用了《西游记》的录音棚。录完以后我出来，碰见他们的音乐编辑就跟我说，大为，你能不能帮我们把这首也录一遍，我们找了好多人都唱了这首歌，但是都没通过。当时我就练了一下，就给录了。当晚作曲就来电话了，说今天谁录的？说蒋大为录的。说我听一听，他就在电话里听了一下。听完以后，就定这个版本了，说赶紧给杨洁导演送去。因为那个时候离电视剧《西游记》正式播出只有一个礼拜时间了。之前电视剧试播的时候，很多领导和观众提出音乐不好，歌不好听，要求改。杨洁导演正犯愁呢，说四大名著要以音乐为主，这么多音乐得怎么改啊。正巧这首歌我录了以后，当晚就给杨洁导演送去了。后来他们说，杨洁导演听完以后，眼泪就掉下来了，说这个好，赶紧送审。结果送审后一下就通过了，因为这首歌曲通过了，电视剧中所有的音乐都不用改了。你想，一部电视剧还有一个礼拜就播出了，那么多音乐要怎么改？这太难了。当时杨洁导演说她都准备放弃了，结果就因为我唱的这首《敢问路在何方》通过了，所有的音乐都不用改了。"

就这样，看似一首首普通的歌曲，一经蒋大为的演绎，总是能成为经典。

蒋大为："简单地说，就是把你的话放到音符上来讲述。举个例子，我们大家都会唱那个河南豫剧：'刘大哥讲话，理太偏。'其实这是句河南话，你用说话的方式把它唱出来，就很有味道了。所以我有时候跟我的学生讲，我说你们唱歌为什么不好听呢，因为你们演唱的时候太装了。好多人就不太理解，就觉得，你为什么唱歌那么自然？那么流畅？我说你们是在唱歌，我是说歌，我是在讲一个故事，所以在我的声音里首先你能听得特别清楚，语言特别清楚，交代得特别清楚。然后在我的语言过程当中，有情有味，一听就能感人，我不会老在那儿卖弄声音。实际上你去听那些唱歌好的人，他都是在给你讲故事，这就是我唱歌的诀窍。"

事实上，蒋大为让大众接受、喜爱的原因，除了唱歌有诀窍之外，他自身的艺术造诣也颇为深厚。他兴趣广泛，除了每天练嗓之外，练习书法，也是他必做的事情。

蒋大为："我喜欢书法，喜欢画画。因为我从书法和绘画当中发现一种辩证的美，我就把它运用到演唱当中去。其实我喜欢写字并不是想当书法家，我就觉得白纸黑字，一支笔一瓶墨，写出千变万化的美来，这如果在歌声当中，那会怎么样？所以我就把写字的感觉糅到唱歌当中去。"

凭着过硬的演唱功底，20世纪90年代，蒋大为的歌声跨出国门，走向世界，他曾经到北美、东欧等许多国家进行演出。还在法国和日本成功地举办了个人演唱会，以自身实力确立了他在中外歌坛上不可撼动的地位。1993年，蒋大为到美国演出期间，被美国一家华人报纸评价为中国的常青树。

蒋大为："在国外，被誉为常青树得具备三个条件，第一个是不管你多老了你还能唱。第二个是经你演唱的曲目到现在还在流行，还有人唱。第三个就是你的观众群面宽，老少皆宜，雅俗共赏。这三个条件，任何一个不具备都不能称为常青树。"

就是这样一个在音乐道路上不断努力、不停奔跑的常青树，却在年过半百的时候，遭遇了人生最大的困境。

蒋大为："男人到55岁左右，生理会有一些变化。这个年龄在我们声乐专业领域叫倒仓，有很多人就突然间哑掉了。我大约也是在五十五岁左右，突然觉得音色没有那么亮了，高音没有那么舒服了。后来我就去看医生，医生说我到点了。说，你不错了，男高音唱到55岁已经不错了，一般的人就这问题，是年龄到了。但我就觉得很郁闷，觉得不应该啊，帕瓦罗蒂唱到70岁都没事，为什么我55岁就到点了？我想不开，想不明白，就给自己留了个课题。我说到底什么叫科学唱法？就一直研究这个课题。后来我在家反复听三大男高音演唱的歌曲。我就开始用我自己悟出来的感觉来训练自己。我发现，我们唱歌的时候老爱找位置，最后把声带闭合的问题给忽略了。声带的功能是这样，它一松就出低音，一紧就出高音。当你把声带的松紧问题处理好了，你的高音自然就好了。当我把这个问题解决了以后，我的声音马上就回来了。"

此后，蒋大为的声音再没有出现过问题，在各类音乐会上连唱十几首歌曲对他来讲完全不是问题。更令人钦佩的是，在任何场合，他始终坚持真唱，这不仅让大多数年逾古稀的艺术家望而却步，更让时下跑场假唱的年轻歌手汗颜。

蒋大为："我一直坚持真唱，假唱现象有很复杂的社会原因，但我希望大家真唱。你是唱歌的，观众来就是要听你的歌声，你唱歌不出声要你来干吗？大家喜欢看你就是看你真实，不在乎你今天唱的状态好与不好，即使你今天状态不怎么好，只唱了两首歌就下场了，但是你的真诚观众是能看到的，是能理解的。"

为了回馈一直以来支持他的观众，几乎每一年他都要在人民大会堂举办音乐会。用他自己的话来讲，就是既要讲好中国故事，还要唱好中国歌。因为民族的就是世界的，发扬和传承中国的民族声乐，培养民族歌唱家站在国际舞台上，用科学唱法去参赛，这才是艺术家应有的责任与担当。为此他首次提出一个代表中国现当代唱法体系的概念——"中国唱法"。

蒋大为："我是在第九届青歌赛上做评委的时候，提出的这个概念。我说我们要去打分，评价这个孩子唱得好与不好，我们得有所依据，得有个标准。就是说，有了原生态，又有了民族唱法，到底这些东西怎么去衡量？我说实际上，我们现在青歌赛所定义的民族组，唱的不是民歌，是发展了的、科学了的民族唱法，它可以说代表中国近代或者当代的我们自己唱法的一种体系，所以我把它称作中国唱法。它使中国民歌发展到现在，更加科学化、丰富化，更加完善化了。中国应该有自己的声乐，有自己的学派。我们所谓的原生态，实际是民族民间的唱法，过去我们有这个名词。实际上也没有美声这种唱法，美声应该叫西方的或者欧洲的古典歌剧唱法。所以我们可以叫自己的唱法为中国唱法。中国唱法是中国的语言，科学的唱法，中国人的风格，中国人的情感。为什么中国人唱外国歌曲老觉得不对味，唱意大利歌曲总是不像？因为我们没有外国人的生活习惯和西方的文化，我们只是一种模仿。世界上有许多声音学派，有意大利学派、俄罗斯学派、德国学派、法国学派。过去我们在声乐上总是不敢给自己定位，现在我们有了自己的声乐学派，就应该敢于把自己的中国学派叫出来。"

尽管他提出的唱法体系备受争议，但他始终在坚持并将它传授给自己的学生，让他们继续发扬光大。在他的精心培育下，一批又一批优秀的学生站在了舞台上。而作为老师，蒋大为教课从来不收学费，完全是无偿的、义务的培训。在他看来，通过教学，传授学生唱歌技巧，在发现学生们存在的一些问题的同时，也能发现自己身上存在同样的问题，甚至还能发现自己没有意识到的问题，这对自己也是一种提高。

通过教学，不断与年轻人接触，如今的蒋大为也变得"时尚"了：他的音乐会开始有主持人，有嘉宾，现场载歌载舞，还会穿插和观众聊聊从艺以来的幕后花絮。对此，蒋大为并不讳言自己从流行歌手演唱会里"拿来"了不少东西。他认为，民歌演唱家应有面对新时代进行自我调节的能力。从艺50年来，蒋大为始终默默耕耘，正如他曾经在一次采访中说过的："我只是一个会唱歌的老百姓，要说贡献，造原子弹的比我的贡献大了去了，但是没有人知道，因为这是职业的不同。我们的工作就是露脸，时间长了就容易出名，不要太把自己当回事儿。"

天 唱

　　腾格尔：国家一级演员，蒙古族人。1989 年夺得流行歌曲优秀歌手选拔赛冠军， 1986 年为歌曲《蒙古人》谱曲并演唱，一举成名。同年推出第一张个人专辑《你和太阳一同升起》。1989 年在由文化部主办的全国流行歌曲优秀歌手选拔赛上获十佳第一名；1993 年 3 月组建苍狼乐队，任队长兼主唱； 1994 年在电影《黑骏马》中担任该片的全部音乐创作和主唱，并获第 19 届蒙特利尔国际电影节最佳音乐艺术奖；2001 年 6 月，获得由中华人民共和国国务院颁发的政府特殊津贴并获得证书；2002 年 4 月，被聘为首批"首都大学生绿色形象大使"及"爱心大使"并获得证书；2004 年荣获"五一劳动奖章"；2017 年 7 月 6 日，蒙古国总统额勒贝格道尔吉签署命令，授予腾格尔"北极星"勋章。

　　蓝蓝的天空

　　清清的湖水

　　绿绿的草原

　　这是我的家

　　奔驰的骏马

　　洁白的羊群

　　还有你姑娘

　　这是我的家

我爱你 我的家

我的家 我的天堂

……

　　　　　——《天堂》

有多少人跟我一样，因为这首《天堂》认识了腾格尔？

有多少人从这首歌曲中听出了悠远，听出了沧桑？

我从缠绵的马头琴声里，从低沉的呼麦声中，看见了老天爷在蒙古高原上用力抖开的绿色长绸，听见了腾格尔这个蒙古汉子如绸缎般柔软的心肠。

腾格尔："小时候我有很长一段时间是跟姥姥在一起，跟着她在草原上放牧。那个时候草原上的人特别少，我就跟着姥姥这么一个慈祥的老太太，我们两个人在草原上一起过日子。如果你们仔细听的话，会在我写的音乐里，我唱的歌声里，听出一种孤独感。我的童年是很孤独的，直到现在，这种孤独依然伴随着我。"

在蒙语中，"腾格尔"的意思是"天"。天者，辽远无碍，又具王者之尊。蒙古人里没有几个人敢起这样的名字。腾格尔是鄂尔多斯人，按照蒙古人的说法，鄂尔多斯人是成吉思汗的守陵人，几百年来他们如贵族般不事劳作，纵情歌舞。然而，有着贵族般名字的腾格尔的家乡鄂托克旗额尔和图苏木，是个远离大都市和交通干线，贫穷又落后的地方。可对于腾格尔来讲，贫穷无法掩盖家乡草原在他心目中的美好：微风拂过，草浪翻滚，牛粪飘香……太阳从云层间露出笑脸，金灿灿的阳光投射在草地上。碧草、蓝天、洁白的羊群伴着远处牧人的毡房，从毡房顶飘出的炊烟袅袅，和着草原歌声，如情人间的絮语穿梭在绿油油的草地上。腾格尔把记忆中的这片草原写在了他的歌里。

茫茫无际蓝色的故乡

风吹草低见牛羊

鲲鹏难越广袤的土地

　　路像飘带伸向远方

　　美丽的草原

　　辽阔的牧场

　　我心中热爱的地方

　　……

　　　　　——《蓝色的故乡》

　　腾格尔："小时候，我们那片草原很美。那是一种真正的、原始的美。树都是自然生长的，不像现在种的树都是笔直的，一排一排的。我们那时候的草原是一种原始的、野性的、纯自然的大美。所以我一直致力通过我的歌寻找这种美，接近这种美。然而有很多人不同意我的看法，他们认为那时候再好也赶不上现在，因为现在的草原几乎家家户户都有摩托车和电视机，那个时候是没有这些的。我不会反驳他们，因为对于没有经历过和领受过大自然纯美的人，反驳是没有任何意义的。他们所说的'好'和我说的'美'，其实完全是两码事，就像自然美和人工美是两种不同的美一样。这么说有点偏执，那就偏执吧。没办法，这些童年的感受，抹都抹不掉。"

　　辽阔的草原上，流传着如《江格尔传》般伟大的史诗，腾格尔的故乡鄂尔多斯没有"史诗"，有的只是民歌。

　　腾格尔："我们那个地方可以说是民歌的海洋，这么说一点也不过分。因为逢年过节，婚嫁喜事，男女老少都会扯着嗓子唱民歌。我自幼就生长在这样一个环境里，多多少少受到他们的影响和熏陶，很快就会唱民歌了。"

　　在腾格尔的印象里，自己最早学会的民歌是《送亲歌》。它是蒙古新娘离开娘家最后一刻唱起的民歌。腾格尔每次唱起这首歌，眼里、心里都蓄满了泪水，因为这首歌让他想起自己和家人的离别，想起自己艺术道路上的种种坎坷。

　　腾格尔："其实从小我根本没有打算要唱歌，因为那个时候我在上中学，我们那个地方初中毕业以后就没有高中了，就没有学校了。所以初中毕业以后，如果考不上一个专业技术学校的话，你只能从哪里来回哪里去，比如说我是从草原上来的，那就必须回草原上去。我那个时候想，我们家就有五个孩子，如果说我自己考上一个专业技术学校的话，就能拿到工资，就能养活自己，所以当时我的一个心愿就是什么学校都行，只要考上的话，我就能养活我自己。"

1975 年腾格尔顺利考入内蒙古艺术学校。毕业后，因为过硬的专业实力，他选择留校任教当老师。1979 年，因为一个偶然的进修机会，腾格尔来到中国音乐学院学习指挥。虽然最终在指挥专业上他所学无成，这次学习却令他开阔了眼界，他决定要考大学。经过各种努力，他如愿以偿地考入天津音乐学院，成为家里第一个大学生。

腾格尔："1985 年毕业那会儿，不像现在大学毕业了没地方要。我们那会儿大学生特别紧缺，因为我是'文化大革命'以来，我们天津艺术学院第一个真正的少数民族本科生，其他民族都没有。所以我们内蒙古非得把我要过去，因为他们觉得这个人才太难得了。可是，当时我想来北京发展，因为我在还没毕业的时候，中央民族歌舞团就派人找我去了，当时我不是特别想来这个团，但是后来阴差阳错地来了，来了就一直没有动过。"

我的故乡并不美

低矮的草房苦涩的井水

一条时常干涸的小河

依恋在小村周围

一片贫瘠的土地上

收获着微薄的希望

住了一年又一年

生活了一辈又一辈

故乡故乡

亲不够的故乡土

恋不够的家乡水

我要用真情和汗水

把你变成地也肥呀水也美呀

地也肥呀 水也美呀

地肥水美

……

——《我热恋的故乡》

这首《我热恋的故乡》可以说是腾格尔的成名曲，在 20 世纪 80 年代曾风靡一时，被许多歌手不断翻唱。在演唱这首歌曲之前，腾格尔只是民族歌舞团乐队的临时乐手，因为经常跟着歌舞团一起演出，机缘巧合下拥有独特嗓音和满腔激情的他居然也有了上台演唱的机会。随着演出经验的积累和专业老师的点拨，腾格尔开始创作一系列属于自己的歌曲。由他创作演唱的歌曲《蒙古人》使他一举成为本民族人心目中的著名歌手，但他并不满足，报名参加了第一届孔雀杯歌手大赛，没想到居然拿到北京市前十名的好名次。也是因为这次大赛，让著名音乐人徐沛东发现了他，推荐他去演唱自己的新歌《我热恋的故乡》，此后腾格尔带着这首歌唱遍了大江南北。然而流行乐坛每天都是新人辈出，流行音乐的潮流也时刻在发生变化，腾格尔的演唱风格和音乐创作风格却始终没变，这让他渐渐跟不上潮流的脚步，事业开始陷入低谷。突如其来的危机感令生性豪迈洒脱的腾格尔陷入前所未有的恐慌。

腾格尔："人们都说三十而立，四十不惑，可怎么我到 40 岁了还什么都没有？老婆没有，房子没有，车也没有。我自己定的是，到 40 岁的时候，我应该是一个很有名的人了，然而什么都没有。所以当时就有很大的失落感，我把这些感受就写在了这首同名的歌曲里。"

在蛰伏了一段时间之后，2001 年，腾格尔带着新创作的《天堂》重新站在了舞台上。

腾格尔："其实像《天堂》《蒙古人》这些歌，我写的时候根本没有想到这些歌会出名，或者是人们会喜欢。可是有时候就是这样，可能我想的和听众们想的完全不一样吧。像《天堂》这首歌，当时出名以后有好多人问我，你这歌是怎么写的？我说我什么也没想呀，就是很随便地把我的一种心态写出来了。后来有好多学者分析这首歌，说这首歌是这样那样，我就在旁边说对对对，就这个意思。"

歌曲《天堂》最终获得首届中国"金钟奖"声乐作品铜奖。好事接踵而至，为了表彰腾格尔为发展我国艺术事业做出的突出贡献，经国务院批准，腾格尔享受政府特殊津贴。2002 年，腾格尔为著名导演冯小宁执导的电影《嘎达梅林》录制了主题歌《嘎达梅林》；为 30 集电视连续剧《成吉思汗》演唱了主题歌《传说》；2004 年，腾格尔获得"全国五一劳动奖章"。

> 父亲曾经形容草原的清香
>
> 让他在天涯海角也从不能相忘
>
> 母亲总爱描摹那大河浩荡
>
> 奔流在蒙古高原我遥远的家乡
>
> 如今终于见到辽阔大地
>
> 站在这芬芳的草原上我泪落如雨
>
> 河水在传唱着祖先的祝福
>
> 保佑漂泊的孩子找到回家的路
>
> 啊 父亲的草原
>
> 啊 母亲的河
>
> ……
>
> ——《父亲的草原母亲的河》

如果说《天堂》唱出了腾格尔对家的依恋，那么这首《父亲的草原母亲的河》则唱出了他对父母养育之恩永远无法忘怀的至深情感。这种情感仿佛从心底流淌出来，自然得像呼吸一样。人们喜爱腾格尔的歌，因为他的歌总是有打动人心的力量。

腾格尔："每个人的风格不一样，我在唱歌的时候，自己样子好看不好看？考虑得极少。我就是用心把歌曲要展现的内心世界，把歌曲骨子里面的东西唱给大家听，就是抱着这样一种心态唱歌的。但是现在有好多歌手不是为了给你听，而是为了让你看，在舞台上飞来飞去的，唱的什么就不好说了。因为他追求的是外在的东西，这类东西不能说它不好，因为如果是在大广场上做表演的话，要都像我这样投入地唱歌，可能根本就没人鼓掌，都听睡着了。所以有时候是需要一些飞来飞去的东西，让人们兴奋起来，这还是要看场合吧。但是我没办法，我唱每首歌都是用尽了我的全力，都是用心在唱，这个永远也改变不了。"

2014 年，腾格尔创作了他的新歌《桃花源》，歌曲和 MV 一改往日沉稳粗犷的硬朗风格。

腾格尔："因为桃花源是一个非常经典的故事，所以我一直对这个作品情有独钟。我就决定一定要去看看这个桃花源是个什么样。那么看完以后，觉得跟书里写的很相似，真的是有一条河流进一个山洞，然后从山洞里一路穿出来，进入一个世外桃源，那里真的是很美。我看了以后，当时就有种创作冲动，回来以后，就把这些写出来了。我身边好多朋友，包括我公司的人也给了我很大的支持，所以后来我们又把这首歌拍成了 MV。"

与以往创作的歌曲不同，这一次，腾格尔在《桃花源》的曲风中融入了 R&B、摇滚、RAP 等多种时尚流行元素。

腾格尔："实际上桃花源讲得就是一个打鱼的，误打误撞进了桃花源，在桃花源里看到很多美丽的东西，还碰到了桃花运的故事。桃花源的故事有很多版本，我个人比较喜欢的是余秋雨老师写过的一本书叫《问学》，讲的是北京大学的同学们谈中国文化。他们谈到桃花源里面的美人多，所以我在这首歌里也强调了这一点。但是你现在去桃花源，里面根本就没有美女。作为音乐作品，如果桃花源里没有美女，只是一幅山水的话，就会给人一种好山好水好寂寞的感觉。那么在写这首歌的时候，就必须要有时代感，必须有现代音乐的元素。可能有好多人觉得这是一首摇滚风格的歌曲，因为歌里面有摇滚乐的元素。但是更重要的是这首歌里有好多中国传统乐曲的元素，是非常典型的中国音乐，所以大家仔细分析的话，桃花源讲的就是我们真正的中国文化。"

出道多年，腾格尔演唱过上百首歌曲。其中，80%都是他自己创作的。《苍狼大地》《父亲和我》《天堂》《蒙古人》……按照他的说法，每首歌都像是他的一个孩子，是"上天"赐给他的。

腾格尔："《易经》我不懂，却也记住了里面的一句话，叫作'天行健，君子以自强不息'。君子不君子的我不在意，我在意的是'自强不息'。按照我的理解，所谓'自强不息'就是尊重自己的'天'，进而成为自己的'天'。回首往事，我很高兴可以心平气和地说：我能走到今天，走这么远，真的没有依靠过任何人，靠的是自己。我就是我的'天'。"

西部放歌

王宏伟：男高音歌唱家，中国音乐家协会理事，享受国务院特殊政府津贴。湖南师范大学音乐学院教授、博士生导师。曾经获第七届全军文艺会演表演一等奖；第九届 CCTV 全国青年歌手电视大奖赛专业组民族唱法金奖；中国第四届"金唱片奖"最佳男演员奖；多次获中宣部"五个一工程奖"。代表作《西部放歌》《儿行千里》《大江南》《故土情》《再见了大别山》《甲板上的马头琴》《连队过大年》《当兵的男儿走四方》《西部情歌》《西部赞歌》《把一切献给党》《口碑》《喀什葛尔女郎》《天路》。曾主演歌剧《米脂婆姨绥德汉》饰石娃、《雪白的鸽子》饰赵海清、《小二黑结婚》饰小二黑、《运河谣》饰秦生、《悲怆的黎明》饰田原、《南海笠笠美》饰阿雷、《长征》饰平伢子、《阿凡提》饰阿凡提、《二泉》饰阿炳。出版专辑：《西部放歌》《西部情歌》《西部赞歌》《口碑》《儿行千里》《西边儿》《高歌唱边关》《心中的草原》《永远的红飘带》等十余张。作为中国最为杰出的男高音歌唱家之一，王宏伟以他不凡的演唱实力和谦和的人格魅力，近年来在歌剧艺术舞台上屡获佳绩，被誉为当代中国民族歌坛男高音的领军人物。

哗啦啦的黄河水 日夜向东流
黄土地的儿女 跟着那太阳走
……

——《西部放歌》

2000 年，在中央电视台全国青年歌手电视大奖赛上，来自新疆军区文工团的青年男高音歌唱演员王宏伟用高亢嘹亮、充满自信的嗓音唱出了这首《西部放歌》，瞬间征服了现场所有评委和观众，获得了 95.84 分的绝对高分，成为本届青年歌手大奖赛民族唱法的冠军。

王宏伟："这个作品是词曲家专门为我量身打造的，作曲家印青老师在写这首歌曲的时候，反复琢磨了我的演唱特点和风格，才有了开场先声夺人的效果，一下子抓住了大家的眼球。之前也多次参加过青歌赛，都没有拿到奖。在经历了那么多人和事，经历了那么多年基层部队的磨炼，现在再来参加比赛，我对自己只有一个要求，只要唱好就行了，能不能拿到奖，不是最重要的。能再次走到中央电视台的舞台上，就已经走出了成功的第一步，也无须为过去的失败而自责。把歌唱好，这是最重要的。只要发挥正常，唱出真感情来，其他的都不重要。所以当时我的想法就是这么简单。"

就是这样一个简单、腼腆，笑起来两个酒窝若隐若现的男子，性格却像家乡大西北的土地一样淳朴、厚实、干爽、自然。

王宏伟："我从小就生活在新疆博尔塔拉蒙古自治州温泉县的兵团第五师 88 团，我母亲是在 20 世纪 60 年代支边到新疆去的，所以说我应该算是一个地地道道的兵团二代。"

在王宏伟的印象里，家乡温泉县城就是"一个馕可以从东滚到西"的小地方。

王宏伟："当时我们家就住在地窝子里。地窝子是啥呢？就是在河床边上向下挖一个大坑，在坑的顶部架上梁，再用柴火弄上泥，铺上顶，最后在边上掏个窗户、修个门，这就可以住人了，其实就是一个房子的雏形吧。我们家就一直住在这样的房子里。后来大概到了 1974 年左右，才住上稍微好点的房子，就是用土坯垒起来的干打垒房。所以从小兵团给我的印象就是苦，非常地苦。收获的却是一份别人没有过的快乐和经历。那是父辈们给我的，是兵团人精神的一种传承，这非常重要。因为兵团人之所以了不起，就是特别能吃苦。到现在我在做任何一件事的时候，只要我想做，就一定会用心做下去，不管遇到多大的困难和挫折，我都会自己扛着。我觉得这种精神就是从父母身上、从兵团人身上传承下来的。"

西部荒凉的戈壁滩上，广袤的苍穹之下，赶着羊群的王宏伟扯着嗓子唱着心中的歌，为他伴奏的是大西北呼啸而过的风声。因为父亲早逝，王宏伟从小就得帮母亲放羊干活，补贴家用。他高亢嘹亮的嗓音，浑然天成的歌声，自由不羁、如风一般的个性，深深打动了新疆博乐军分区前来招兵的领导。16岁那年，王宏伟成为一名光荣的解放军战士。

王宏伟："到部队去还是源于我喜欢唱歌。因为当时部队要招特长兵，我会唱歌，所以就选上我了。我母亲也非常支持我。因为在那个年代，参军去当一名文艺兵，是一件很光荣、很了不起的事。我也觉得非常兴奋，所以就带着去部队唱歌的梦想参军了。后来到了部队，发现并不是去唱歌，而去做一名普通的战士，做电影放映员。我放了整整三年的电影，后来考上了军校，专业是维语翻译。军校毕业以后我又被分配到一个汽车仓库去当干事。这些经历丝毫也没有影响我对唱歌的喜爱，因为我是带着梦想去部队的，所以这个梦一直在我心里藏着，只要一有机会，我就试着去抓住它。"

王宏伟把所有的业余时间都放在了唱歌上，他私下里请老师定期上课，还利用假期去参加各类歌唱比赛。最后凭着过硬的专业实力，他来到了新疆军区文工团，成为一名专业的歌唱演员。

王宏伟："那时候，我一年差不多有三分之一的时间都在基层部队慰问演出，到过的最偏远的地方是西藏的阿里地区。战士们在边防一线是非常艰苦的，这给了我很大的启迪，作为一个战士歌手，没有对基层官兵的了解和认识，没有基层生活的磨砺，没有对边关、边防有深刻的认识和领悟的话，在演唱作品的时候就会失去很多东西，会很难把握住歌曲的精髓。所以我觉得在基层这么多年的磨砺，是我人生中的一本非常厚重的书，它是我艺术上取之不尽、用之不竭的源泉。"

在自己的硕士毕业论文里，王宏伟曾这样写道："多年为战士演唱，我面对的是这样一个群体，他们听的不仅仅是一支歌、一个声音，他们未必都有'音乐的耳朵'，可以说他们完全是用心在听，那么你就要用心去唱，只有心与心相撞，才能心与心相通。把自己放进去，而且要唱出歌之外的东西，这是我一直以来的追求。"

言为心声，对王宏伟来讲，用歌声来传达情感，就必须用自己的体会将歌声里提供的丰富内涵无限放大。

王宏伟："比如像《西部放歌》，'哗啦啦的黄河水日夜向东流，黄土地的儿女跟着那太阳走'，从歌词的理解上看只是一个简单的意思，但是它表达了一个什么样的情感呢？它表达的是西部人向往着明天，向往着美好生活的强烈情感。所以在唱这个作品的时候，我要把这种情感无限地放大，要把生活中所有的体验都融入这个作品当中去。而且在歌声里的第一声唱，就要让观众能够感受到这种情感。所以我最不排斥的就是生活经历，如果没有生活经历的话，你在唱这些作品的时候也只是一个简单的声音的展示。"

这就是王宏伟对生活、对艺术的态度。这使他的歌声不再显得单薄，而是充满了故事、情感和内涵。青歌赛之后，王宏伟迅速"红"了起来，一时间成为国内炙手可热的青年歌唱家，当年那些将他拒之门外的专业团体纷纷向他张开了双臂。几经考量，他最终选择了总政歌舞团，为自己找到了一个更大的展示自我的平台。

王宏伟："其实成名不成名，我觉得这只是观众对我的一个定位吧。就我个人而言，我始终没有认为自己是一个成名的歌唱家、名人，我从来没有这样认为过。因为你要知道，在总政歌舞团的舞台上走过来的名家和大家不计其数。在总政歌舞团我只是一个新兵，在艺术上也好，在从军的经历上也好，我都是如此。再加上之前我一直在新疆，到了北京以后还是不自信，因为我没有系统地接受过艺术院校的学习和打磨，没有很好地在专业的舞台上磨炼自己。除了《西部放歌》这部作品，也没有更多的代表作，怎么办呢？我决定，第一就是得让自己不断地学习，不断地提高自己，要给自己树立自信心。第二就是要不断地找作品，让更多的观众熟悉你、认识你。所以在青歌赛之后，我第一时间到解放军艺术学院攻读硕士研究生。一边给自己充电，一边参加大量的社会实践。"

应该说在2000年的时候，像王宏伟这样一批新生代的歌手是非常幸运的。因为中央电视台给他们提供了展示和锻炼自己的舞台。无论是心连心慰问演出，还是各类大型晚会，王宏伟都是作为独唱演员出现在观众面前。

王宏伟："我连续参加了几届的春节联欢晚会，这在2000年之前那是不敢想象的，不敢想象自己能够登上春晚的舞台。但是在2001年以后，我都是作为独唱演员去参加春节联欢晚会，而且唱过的作品大家都很喜欢。其实能登上这个舞台，我花了很长时间，可以说是十年磨一剑吧。之前的每一年我都是在上百场演出中度过，下基层慰问的演出也差不多有七八十场，这个量是非常大的。我就是在这个过程中磨炼自己，在舞台上逐渐成熟起来，这一点对我来讲非常重要，因为并不是所有演员都有这样的机会参加那么多重大的活动，所以我觉得我特别幸运。参加了青歌赛，拿到了冠军，然后到总政歌舞团工作，到解放军艺术学院读研究生……我真的很感恩这个时代。"

带着一颗感恩的心，2008年，王宏伟将《西部放歌》《在那遥远的地方》《三十里铺》等多部经典民歌作品，带到了维也纳金色大厅。那一晚，他把歌声和震撼留在了那里。

王宏伟："好作品可遇不可求，有时候跟你找恋人是一样的感觉。可能你找了一辈子也不一定找到一个知心爱人，但是有时候你蓦然回首，那个人就在你的身边。这种事经常会发生，但是对于一个歌者而言，无论你唱任何一个作品，你都必须用百分之百的感情去唱。不管这个作品是不是让你瞬间功成名就，我觉得你都要付出这样的感情。更何况作为一个民族唱法的歌唱家，我们接触最多的是民歌，这些作品是我们中国文化的传承，都是精品。所以我们就应该让它发扬光大，而不是说到我们这儿让它断层。"

2010 年，王宏伟在国家大剧院举办了主题为"回归"的音乐会。他希望民歌能回归到属于它自己的土壤中去。

王宏伟："因为这个时代很少有人去听民歌，特别是年轻朋友不愿意听民歌，他们大部分的时间是在听欧美歌曲，听流行歌曲，听所谓的当红歌手演唱的歌曲。所以作为我来讲，我希望能唤醒更多的人来关注民歌。所以我就选了许多维吾尔族的、哈萨克族的、蒙古族的、藏族的民歌，并尝试着演唱。这几年只要有时间，我都会回到新疆去采风。新疆是一个艺术资源非常丰厚的地方，我随便举例像《阿拉木汗》《在那遥远的地方》《掀起你的盖头来》《达坂城的姑娘》等这样的歌曲，是内地朋友认识新疆的最初载体。新疆的这些艺术资源对我们这一代人来讲，是取之不尽、用之不竭的。所以我觉得我们应该有艺术上的责任和担当，去让这些作品很好的发扬和传承下来。"

边疆地区多彩多姿的民族文化艺术带给王宏伟常人难以获得的陶冶，让他内心的情感变得醇厚、深沉。童年时坐在马背上听到的蒙古长调，正如他跋涉的人生路途那样悠长；少年时疯跑过的赛里木湖畔，艾捷克的琴声像湖水的涟漪荡漾在心中；独他尔、热瓦甫，甚至黄土高原上的"花儿"与黄河岸边的"信天游"，都让王宏伟的音乐世界变得越来越广阔。当年轻的歌手向他取经时，他这样说："想从事歌唱艺术，必须一刻也不能放弃，如果放弃了，机会就可能从身边溜走。"

有人说培养十个女高音才可能出现一个男高音，所以又叫"难"（男）高音。王宏伟，作为一个农场的孩子能走到今天，他的背后有多少双充满了关爱与希望的眼睛，不用回头，他也知道那注目有多深、多远。为了帮助身边更多热爱歌唱的年轻人，王宏伟除了参加艺术实践活动外，也会回到院校去做客座教授，带研究生。他希望把自己在艺术上的经历、对生活的感悟、对艺术的理解传达给他们。

王宏伟："因为你在 20 岁的时候唱东西肯定是白开水一杯，但是你现在已经是 50 岁的人了，你的经历要比他们年轻人丰富得多。那么你可以告诉他们，怎样能把这些经历融入艺术中去。所以我在教我的学生演唱新疆民歌的时候，我相信他们的体会肯定会很不一样。"

我心如歌

韩延文：中国音乐学院教授，硕士生导师，国家一级演员，中宣部文化名家暨"四个一批"优秀人才。中国音协会员，中国剧协会员，民革党员。主演《白毛女》《原野》《江姐》等十几部中国歌剧。获中国戏剧最高奖"梅花奖"等十几个国家奖项。在加拿大、日本、北京等地举办过八场独唱音乐会。多次参加文化部、央视春晚等大型文艺晚会，出访美国、德国、法国等二十多个国家和地区。多次担任文化部政府比赛、央视青歌赛、文化部高级职称评委。

　　我一般很难用"纯粹"一词来定义一个人，但韩延文是个例外，她给我的第一感觉就是纯粹。

　　当我们摄制组辗转来到韩延文家门外，我有点踯躅，不知门后是一位怎样的女性。"哦，你们来啦，快请进，不好意思啊，我这里有点小，不知道适不适合拍摄？"韩延文顶着一头浓密的黑发，眨巴着一双爱笑的大眼睛看着我说道。我顿时感到有些尴尬，因为她并没有刻意为难我们这个只有三个人的摄制团队。在我们匆忙摆置设备的时候，她躲在一旁安静地化妆，那种随意、沉静的模样跟舞台上激情澎湃、光芒四射的她有着天壤之别。这不禁让我联想到她在北京保利剧院上演的大型原创歌剧《天鹅》中，扮演的美丽的天鹅白嘎拉玛的形象——纯情如精灵，热情如火焰。那晚，韩延文用她空灵的嗓音，充满激情的表演，深深地打动了剧场里的每一位观众。

韩延文："那天唱完了以后，在我的微博上突然有一个江苏的观众给我留言。他说今天晚上在大剧院被我征服了，当然他指的是艺术，他说让他感到了强烈的艺术震撼，说演出催人奋进，让他感到是活着的歌剧。当时我真的非常感慨，他听一首歌，听一个作品竟能感觉到活着的歌剧。"

如果说观众的理解是韩延文不断努力的原动力，那舞台便是她可以释放、宣泄内心情感的圣地。早在6岁那年，韩延文就渴望拥有自己的舞台。那时候，因为极高的音准，母亲没有为她选择唱歌，而是为她选择了二胡演奏。于是，每天清晨5点，小延文便准时起床开始练琴。为了不打扰邻居，她会用自己的小手在胡琴的蛇皮与马尾间塞进一杆铅笔，这个动作她一做就是十年，直到从沈阳音乐学院附中民族器乐系毕业。毕业后，她被院民族声乐系破格免试录取。从附中学习的民族器乐转行到大学学习民族声乐，跨度如此之大，不补习是肯定追不上教学进度的。为此韩延文整整下了四年的苦功夫。直到1989年，她从沈阳音乐学院本科毕业。这时很多著名剧团都力邀她加盟，韩延文经过认真思考，做出了人生中第一个，也是最重要的一个选择。

韩延文："当时毕业的时候我报考了四个团，四个团都要了。它们是中央民族乐团、全总文工团、谷建芬老师创办的声乐班，再有就是中国歌剧舞剧院。当时中国歌剧舞剧院觉得我从个头呀、形象呀、包括声音呀都特别适合演歌剧。因为一个歌剧演员的综合素质要非常高，刚好我也喜欢既可以表演又可以演唱的这种比较综合的艺术门类，所以最后我选择了中国歌剧舞剧院。演唱歌剧，让我有种一气呵成的感觉。当聚光灯一亮，站在舞台中心，我心中顿生豪迈之感。我觉得我活着就是为了站在这儿，用我的歌声与观众沟通。人的一生，总要寻找最适合自己的工作，'最适合'是一种多么美好的境界。"

韩延文是这样毫不掩饰她对音乐的热爱，并将自己全部的感情和精力都投入歌剧艺术创作中。

"北风那个吹雪花那个飘，雪花那个飘飘，年来到……"每当这个熟悉的旋律响起的时候，我的眼前都会浮现出韩延文在歌剧《白毛女》中塑造的"喜儿"形象。当年，为了扮演好"喜儿"这个角色，她主动选择去贫困的山村体验生活，和农家女一个灶台吃饭，一个土炕睡觉。

韩延文："我们那会儿拍这个剧的时候要去体验生活，甚至要写人物自传，体验完生活，然后再去创造这个角色。那会儿是真用心，真是用自己全部的情怀、情感来塑造角色，确实也是非常有收获的。这对我后来艺术道路上的成长非常重要，给我留下终生难忘的记忆。"

1995 年，韩延文凭着在歌剧《白毛女》中的精湛演技，获得了全国戏剧最高奖——梅花奖的殊荣，从此"第四代喜儿"便成了她的代名词。人常说："戏如人生，人生如戏。"韩延文对艺术全身心的投入，常常令自己分不清戏里戏外。

韩延文："我经常自己在家里，半夜睡不着就想该如何处理喜儿这个角色，然后就把盖的被子卷成一卷，就把它作为哭爹那场戏里的爹。因为在戏里女孩的爹喝毒药自杀了，把她一个人留在世上无依无靠。我就抱着那个铺盖卷开始演，唱一句就开始泪流不止，就这样把这种感觉带到舞台上。所以演出完以后，不光是身体累，心也很累，因为很动心、很动情嘛，真的是觉得被喜儿这么一个单纯、美好的农家女孩子的悲惨遭遇感动了。旧社会把她从人变成鬼，而新社会把她由鬼变成人，那么这种感受就非常深，就被她的这种命运牵动、感染、感动。所以当音乐一响，'哒'我的眼泪就出来了。这不是我个人的喜怒哀乐，此时此刻我是在感受和体现她的情感。所以我经常会跟同行们探讨，我就觉得，如果唱一首歌那是我韩延文自己的感受，但如果塑造一个角色那一定是角色的感受。"

韩延文非常看重人物的情感塑造，由她主演的喜儿、江姐，都体现出了角色的情感和情怀，而她本人在塑造角色的时候也是非常地投入和忘我，甚至找到一种灵魂出窍的感觉。

韩延文："歌剧这个艺术门类往往让人觉得有一种拒人千里之外、孤芳自赏的感觉，其实不是这样的。像《白毛女》《红梅赞》《洪湖水浪打浪》《珊瑚颂》等歌剧选曲，唱了五六十年，能唱到今天，真是经住了历史的考验，所以可以称之为经典。我作为歌剧演员，对这些经典剧目，对歌剧本身有一种不能割舍的情怀。它的艺术魅力，与其他的艺术门类是不一样的，是不能被替代的。因为我唱惯了这种带剧情又有人物情感描绘的作品，所以我会把每个唱段、每个小歌，都作为一部歌剧来唱。我会为刻画人物情感而投入，用那种戏剧的张力，那种大河奔流、小桥流水的表现方式来演绎。即使是一个四五分钟的小作品，我都会这样把它演绎得非常丰满。"

凭着在艺术创作上多年的经验和感悟，韩延文觉得艺术其实非常纯粹、非常崇高，也非常简单。她觉得自己作为一名歌剧演员是那么地幸运。

韩延文："我觉得我们这代演员还是非常幸运的，因为我们还有《白毛女》《红梅赞》《我的祖国》这些歌来唱。我总怀疑下一代演员、下一代的观众还有没有机会听到这些歌，还能不能像我们这样唱这些歌。我不是说其他那些流行的东西不好，或者是它们能不能够长久，这我不去怀疑，也不去质问。我只是觉得我们中国的这些传统的、家喻户晓的作品，确实是咱们宝贵的国粹，我很幸运还能唱这些歌，每次我演唱都会觉得跟观众有非常强烈的共鸣。记得我去年在国家大剧院里唱了《我的祖国》这首歌，当时是钢琴伴奏，还没有那种恢宏的气氛，也没有话筒，我那天的演唱状态、声音状态也不是很好。但是我的情感状态每次都很饱满，不论我自己的身体，或者是情绪有什么不好，我都不会带给观众，只要往台上一站我就像给自己吃了兴奋剂一样，会把最好的一面、最真挚的一面展示给观众。"

"我又活了！我又活了！这活着的滋味啊，什么能比？醒来阵阵欢喜，这一切啊都是为了你。我哪能不疼，哪能不爱，哪能丢弃你，这十天的日子值得过一世。"这是韩延文在中国原创歌剧《原野》中扮演女主角"金子"时的经典唱段。1997年，她随上海歌剧院一同赴德国和瑞士演出，首次将《原野》搬上欧洲舞台，韩延文用欧洲人擅长的长歌当哭式的咏叹调宣泄着满腔的炽热情感，引得台下的观众纷纷落泪，就连站在侧幕边的舞台工作人员也禁不住热泪盈眶。现场的观众久久不愿离去，在长时间的掌声中，韩延文和同事们反反复复进行了长达十次的谢幕，这次的演出使韩延文成为第一位在欧洲演出歌剧并取得巨大成功的中国民族歌剧女演员。

　　韩延文："那是我们首次跟国外歌剧院合作，乐队是他们的，我们就去了几个主要演员。那也是他们第一次接触中国歌剧，虽然我们是用中文演唱，打的外文字幕，但是很多外国观众包括后台的那些舞美工作人员，都感动得掉下了眼泪。当然不能说要以掉下眼泪来衡量歌剧的成功与否，但确实观众是被碰撞了、被触动了、被感染了，然后我们在谢幕的时候，谢了十次，脸上的肌肉都酸了。那会儿我觉得我的表演还不是非常成熟，因为我是唱民歌的嘛，而剧中所有的角色都是唱美声的演员来扮演，那么跟他们在一起演，我在'金子'这个角色的处理上就不能完全用民族唱法，在技术上做了一定的处理，这样他们就不觉得陌生。最后出来的效果非常好，演出也非常轰动，在德国和瑞士演了很多场。"

　　韩延文在艺术上的不懈努力，为她在专业领域树立了良好的个人形象。她曾多次参加文化部及中央电视台举办的各类文艺演出，奔波在祖国各地。然而一场场密集的演出安排，使她逐渐产生一种像被掏空了的感觉，她觉得自己必须要"充电"了。从德国演出回来不久，她选择进入中国音乐学院研究生班进行学习。三年后，她成功举办了自己的毕业独唱音乐会"我心如歌"。当晚观看演出的乔羽老先生对她做出了这样的评价："韩延文是中国歌剧舞剧院的一名非常优秀的演员，她能同时掌握几种唱法和技巧，演唱范围比较大，抒情的东西她能唱，壮阔的作品她也能唱。像'白毛女'和'金子'这样差别很大的两种唱法，她都能运用自如，唱得非常好。"她的老师金铁霖这样评价她："我们的师生合作始于1989年，应该说她是一个很聪明、很好学、爱用功、好钻研的学生。她将自己各方面的条件在艺术舞台上展示得很好。能不断地发挥自己的长处。尤其作为歌剧演员来讲，她的条件是很好的，塑造的舞台形象很有感觉、很有激情、很容易打动观众。"

凭着歌剧打下的厚实功底，2007年5月，韩延文参演了中国歌剧舞剧院排演的音乐剧《茉莉花》。这是她首部从民族歌剧向音乐剧转型的作品。音乐剧与歌剧的最大不同在于音乐剧充满了令人眼花缭乱的各种舞蹈，这对于常年演唱歌剧的韩延文来说，是一大挑战。为了能完美地演绎《茉莉花》，韩延文刻苦排练了七个多月，凭着刻苦练习和上学时打下的扎实的舞蹈功底，不仅出色地完成了《茉莉花》的演唱部分，更在舞台上、聚光灯下，舞出别样耀眼的光芒。

韩延文："这个角色对我以前的作品而言具有颠覆性。因为每扮演一个新的角色，对我来说都是一次新生。其实挺不容易的，为了台上那几分钟，我得准备多长时间啊。都说台上一分钟，台下十年功，真是这样的，我们真是坚持了几十年，就是干这事。所以你再唱得不好，对不起观众，对不起自己。我对别的事情都是稀里糊涂、大大咧咧的，唯独在艺术创作方面，我高度集中、高度敏感。所以我觉得我可能天生就是为唱歌而生的吧。"

为歌唱而生的韩延文习惯了流汗付出，习惯了坚守寂寞。为了心爱的歌剧她会时常推掉一些收入不菲的商演活动和电视录像节目。

韩延文："也不是说我就拒绝商演，也不是说自己要多么孤芳自赏，不是这个概念。我记得有一次下基层演出，当时现场有上万名观众，一个非常有名的女演员对我说，哎哟你看你还为了一场基层演出认真的，人给你多少钱呢？我说一分钱也没有，我说你不就干这个的嘛，人家让你去唱你就去唱呗，还非得说用多少钱来衡量。我不是说境界有多么崇高，你不就是演员嘛，还非要分在什么地方唱，这个地方不能唱，那个地方能唱，对我来说就不存在这个问题。再比如说有电视台录像，有演员就问，能不能对口形？当然这个对口形一定不是说因为唱不了，他是希望把作品能够更完美地呈现给观众。但对我来说呢，我是一个现场型的演员，我喜欢那种一气呵成的感情宣泄，我演出的歌没有录音，所以有的时候主办方会说，没关系，我们都可以放对口形的，但是对不起，我没有对口形的，我认为我现场唱得比录音更好。"

正是因为韩延文把艺术事业视为自己的生命，所以出道二十几年，她始终坚守着心中的这片净土。

韩延文："对我来说，我就是热爱歌唱，我喜欢它。我并不指望它能够带来什么好处，就是单纯地喜欢、热爱。观众的眼睛是最亮的，在舞台上你真挚了、虔诚了、投入了，观众一定是有感觉的。而如果你在那儿装模作样，观众也是看得一清二楚的。所以说我是因为自己热爱这个事，除了这个事别的都做不好，也不会做。"

红旗歌手

刘媛媛：苗族，中央民族歌舞团女高音歌唱家，国家一级演员。曾被誉为"红旗歌手"，其演唱的歌曲多是歌唱祖国、歌唱人民、歌唱美好生活的优秀作品。1996 年首次参与中央电视台春节联欢晚会演出，开始在歌坛崭露头角；1999 年凭借《五星红旗》获得中央人民广播电台中国流行歌曲榜评委会特别奖；2002 年推出首张个人专辑《五星红旗》；2004 年获得全国听众最喜爱的歌手奖"金号奖"金奖；2006 年在中央电视台春节联欢晚会上演唱歌曲《映山红》；2007 年凭借《感恩》获得全国"五个一工程奖"；在国庆 60 周年晚会上演唱代表作《国家》。因其热心公益，被中国公益事业促进会、世界华人协会等六家单位联合授予"中国公益事业形象大使"称号。

2013 年 9 月 2 日，第三届中国亚欧博览会在新疆乌鲁木齐市隆重举办。本届博览会以"开放互信、共谋发展"为主题，特邀青年歌唱家刘媛媛为本届博览会拍摄公益形象宣传片。其积极、阳光、健康的艺术形象，为博览会的隆重举办注入了正能量。

刘媛媛："这次接到亚欧博览会的邀请，担任形象大使，真的是一件挺好的事情。因为我是在咱们新疆长大的，对这片土地特别有感情。虽然我现在在北京发展，其实新疆的一切一直在牵动着我。而且我自己也一直都有一个心愿，就是希望这次的宣传片能够拍得非常精美，把我们新疆最美的地方拍出来，传播到更多更远的地方，让大家都能够相聚在新疆，爱护我们的新疆。"

　　了解刘媛媛的人都知道，她走上艺术这条路，有三个关键性地标起着至关重要的作用，它们分别是云南大理、新疆乌鲁木齐和北京。云南大理是她的出生地，外婆是她人生中的第一个音乐老师；新疆乌鲁木齐是她音乐的起步地，也是她心心念念的故乡，那里有她快乐而难忘的童年生活，有夏令营时巧遇恩师王洛宾的难忘经历，有在新疆军区文工团度过的充满梦想的少年时期……每当回忆起在新疆的岁月，刘媛媛总是饱含深情。

　　刘媛媛："我始终忘不了我妈对我的严厉管教，和她对我在音乐道路上的全力支持。而我爸和我的家人当时对我的言传身教，更是对我成功踏上音乐之路具有十分重要的意义。"

　　北京，是刘媛媛最终实现自己音乐梦想的地方。当年她以全国文艺类考生文化课第一名的成绩考入中央民族大学艺术系。现在回想起当年的情形，依然令她难以忘怀。

　　刘媛媛："我记得当时我正在全力以赴冲刺高考，但是我又很喜欢唱歌嘛，妈妈就帮我请了一个星期的假，陪我坐上了开往西安的列车，去报考西安音乐学院。但是当我们坐了两天两夜火车赶到西安的时候，却被告知招考时间改变。我们正打算回去呢，就得知北京的中央民族大学正在招收艺术生，我妈觉得这是一个很好的机会，就决定带我去试试，我们就来到了北京。经过初试、复试一路考下来，最终进入中央民族大学艺术系声乐本科。其实，当时考专业的时候，我整个人特别紧张，挺自卑的，因为考生们都长得那么漂亮，歌唱得那么好，而我从来没有接受过专业的音乐训练，唱歌只是我的一个业余爱好而已，所以当时一点信心都没有。现在回想起来，要不是有妈妈的鼓励和坚持，我可能也实现不了自己的音乐梦想。"

　　你和太阳一同升起，

映红中国每寸土地，

你和共和国血脉相依，

共同走过半个世纪。

五星红旗啊五星红旗，

你将中华民族的心连在一起，

五星红旗啊五星红旗，

你让全世界中国人扬眉吐气。

……

——《五星红旗》

这首《五星红旗》是刘媛媛在中华人民共和国成立 50 周年国庆联欢会上演唱的歌曲。也正是因为这首歌唱响在激动人心的历史时刻，让刘媛媛首次进入了观众的视野，这首歌也因此成为她的代表作。

刘媛媛："这首歌是刘青老师的作品，是为中华人民共和国成立 50 周年而作。为了这首歌，刘青老师提前五年就开始找感觉，他认为唱这首歌的人应该拥有美声基础，音域得宽阔，具有爆发力，还要有民族韵味与民歌功底，同时，还必须具备通俗歌手的亲切感。于是他请了很多人来试唱，结果都不理想。后来他就想到了我，因为之前我们有过多次合作。其实我早就听说他有这么一首歌一直没有录，他给我打电话的时候我也正好想说这件事，我就对他说有没有可能让我试一下。"

能够演唱这首歌曲，对当时还很年轻的刘媛媛来说，是一个极好的机会。但对于刘青而言，如此宏大的题材，如此厚重深沉的情感，二十来岁的刘媛媛真的能够驾驭得了吗？

刘媛媛："我当时拿到这首歌，哼唱了两遍，马上就被优美的旋律吸引了，觉得这首歌就好像是为我量身打造的一样。后来到了录音棚录音的时候，我刚唱前几句，刘青老师说他的心就放下来了，他自己也觉得好像这首歌是为我而做，非我莫属。他觉得我的声音比较特别，因为他需要的正是一种'三合一'的演唱方法，就是高声部要洪亮，要有爆发力，中低声部又要有那种通俗歌曲的亲切的演唱方式。同时又希望能够用一些民族唱法，字正腔圆地把歌词唱出来。而我的音色和唱法正好是他想要的，结果我只用了 40 分钟就完成了录音。到了'十一'的晚上，我站在天安门广场上演唱这首《五星红旗》，当我唱出第一句'你和太阳一同升起'的时候，就感觉好像浑身上下突然注入了一种力量和自信。"

著名导演陈凯歌听到这首《五星红旗》之后，深受感动，专门为这首歌曲拍摄了 MV。这也是迄今为止，陈凯歌执导的唯一一部音乐电视。

刘媛媛："为了抓拍更好的画面，我们去了香港、澳门、重庆、青岛、上海、北京六个地方进行实景拍摄，在业内也是第一次大胆地用 35 毫米电影胶片拍摄 MV。所以当时陈凯歌导演说这首歌 20 年不过时，现在看起来，依然很有气势、很有冲击力。"

随着中华人民共和国成立 50 周年大庆晚会的播出，《五星红旗》迅速响彻大江南北。歌曲入选全国大学音乐教材，成为中宣部和中央电视台联合评选的中华人民共和国成立以来歌唱祖国七首经典歌曲之一。

刘媛媛："《五星红旗》这首歌唱响以后，大家就开始称呼我'红旗歌手'。刚开始我自己不太习惯，因为到一些地方去演出，就听到有人说'红旗歌手'来了。我听到几次以后，就没忍住，有一次就扭过头去跟他们说，我叫刘媛媛。因为很多人不知道我叫什么，只知道我叫'红旗歌手'。无论如何，《五星红旗》这首歌振奋了我的精神，也唤起了更多中国人的爱国之心。让大家唱起这首歌的时候，真的是心往一处想，劲往一处使。所以，在我看来'红旗歌手'不仅仅是一个称呼，更多的是它背后所隐藏的对国家和社会的责任。"

一玉口中国 一瓦顶成家

都说国很大 其实一个家

一心装满国 一手撑起家

家是最小国 国是千万家

在世界的国 在天地的家

有了强的国 才有富的家

国的家住在心里 家的国以和矗立

国是荣誉的屹立 家是幸福的洋溢

国的每一寸土地 家的每一个足迹

国与家连在一起 创造地球的奇迹

……

——《国家》

2009 年 10 月 1 日，在国庆 60 周年天安门广场大型焰火晚会上，刘媛媛和成龙站在人民大会堂楼顶，在烟花绽放的夜空下，面对全球华人，演唱了这首《国家》。"国是我的国，家是我的家，我爱我的国，我爱我的家"，质朴的歌词，流畅的曲调，大气磅礴的气势，整首歌曲传达出浓厚的爱国情怀和深刻的家国内涵。

刘媛媛："我们这首歌的创作团队有两百多人，后来钢琴家郎朗也加入进来。他觉得这首歌太好了，虽然表现的是一个很大的主题，但是它选择从很小的切入点进去，一点不生硬，反而感到很亲切、很自然。"

《国家》由策划北京奥运歌曲《北京欢迎你》的王平久等人策划，著名钢琴家郎朗为歌曲钢琴演奏，音乐才子金培达、王力宏担任歌曲的音乐制作人，著名书法家欧阳中石题写歌名……能和这么专业的团队合作，刘媛媛倍感珍惜。为了唱好这首歌，她投入了大量的创作热情与精力。为了传达出歌曲背后深厚的情感，她冥思苦想，一句句打磨，改变了以往的演唱风格，加入一些流行元素。不仅如此，她还和成龙两人向聋哑舞蹈家邰丽华一招一式地学习手语，一遍遍地揣摩手的位置，不敢有半点马虎。

刘媛媛："如果你唱歌的时候还去想方法的话，那么这首歌就只能算是一个发声练习。因为经过了多年的专业训练，所以一旦唱起歌来，就算不想方法，自然而然就会带入一些方法进去。那么我自己也体会到了，如果唱歌的时候你能感动自己，而且完全是真情流露，像说话一样地去唱给对方听，那效果真的很好。"

一曲《国家》打动了无数海内外华人的心，歌曲首发不到一个月，就一跃成为国内歌曲排行榜冠军。刘媛媛也凭借自己过人的演唱实力，成为众人瞩目的青年歌唱家。然而，谁也不曾想到，她成名之前的道路并非一帆风顺。

刘媛媛："因为学声乐的人要有一个 17 岁变声期，当时我只有 15 岁，有着很好的音色，但是变过声以后呢？那可能就不是我了。所以当时在学校选主课老师的时候，很多老师就非常犹豫。在那个关键时刻，选我的主课老师他很懂我，他知道我是一个好苗子。而当时的我什么都不懂，也没有那么多的想法，我只是觉得如果这个老师当时没有选择我，可能就不会有我的今天了，所以后来我一直对他特别感恩。"

因为音色浑厚、音域宽广的嗓音特色，大学毕业后的刘媛媛成为中央民族歌舞团的一名歌唱演员。然而，理想与现实之间的巨大反差再次给了她当头棒喝，经过多年的努力，她发现自己仍然只是合唱队里一名不起眼的合唱演员。正当她开始对前途感到迷茫的时候，改变她命运的人出现了。

梦想召唤你，

又要出远门，

今晚有美酒，

为你来送行。

请你带上我，

真心的祝福。

祝你一路平安，

天天交好运。

——《祝你好运》

刘媛媛："当年，刘青老师创作的歌曲《山不转水转》《祝你平安》让那英、孙悦等一批歌手在歌坛迅速走红，能和刘青老师合作是当时我们所有年轻歌手的梦想。所以当我拿到他为我写的《祝你好运》这首歌的时候，我特别感动。后来录完音，我一听就哭了，我哭不是因为难过，而是因为太高兴。我觉得这首歌写出的情感和我的心情特别吻合，就像在生活中，大家彼此说祝你好运，都是希望有一个好的寄托在里面。所以有时候我们或许会遇到暂时的困难，但是我觉得如果心中充满着希望的话，每个人的人生都会特别地好。"

因为这首《祝你好运》，刘媛媛终于迎来了自己的好运。《五星红旗》《感恩》《国家》《民生》《鲜花陪伴你》《中华是我家》等一系列当今流行的主旋律歌曲，使她成为观众喜爱的著名青年歌唱家，成为老百姓心目中的"红旗歌手"。

为老百姓歌唱，唱出他们的心声，是刘媛媛在自己多年歌唱事业中的领悟。作为一名歌唱家、一名公众人物，她将自己的工作重点放在了公益事业上。她要用自己的影响去帮助那些困难中的人，为社会多做一些有益的事情，传递出更多的正能量。为此，她不断地举办公益演唱会，做专辑义卖活动，发起"公益音乐课"，担任爱心大使……她把唱歌赚来的大部分钱都用在了帮助贫困地区的孩子们身上。截至目前，她已经资助了100多名贫困学生，还把"公益音乐课"送进了校园，得到师生们的支持和喜爱。

坎儿井的流水清，

葡萄园的歌儿多，

吐鲁番的天气暖嘞，

比不上我心里热，

哎 比不上我心里热。

哎 来来来来来，

葡萄一串歌一串，

甜甜的歌儿迎宾客，

欢迎远方的朋友们嘞，

葡萄架下坐一坐。

……

——《甜甜的歌儿迎贵客》

每当唱起这首《甜甜的歌儿迎贵客》，刘媛媛就会想起自己的家乡——新疆。这次回疆的刘媛媛特意来到了乌鲁木齐六十六中，给那里的同学们上了一堂别开生面的"音乐课"。

刘媛媛："六十六中是我们新疆这边的双语学校，这次我过来，和学生们一起唱歌，一起跳舞。他们对我说了很多他们想说的话，跟我分享他们开心的事情。虽然这次的'音乐课'时间很短，但是最后我都不想走了，真的是依依不舍。我觉得在做公益的过程中自己也是一个受益人，跟他们的相处，让我发现了以前我没有发觉的美。"

除了做公益事业，刘媛媛还参加了中央电视台在古田、遵义、井冈山、鞍山、萍乡、宁夏银川、江苏兴化、内蒙古赤峰等地的"心连心"慰问演出，以实际行动贯彻了文艺为人民服务的宗旨。

从独自一人北漂求学到现在大型晚会上的实力唱将，刘媛媛始终抱着一颗感恩的心，感谢着身边每一位给予她帮助的人，感谢每一次挫折带给她的成长。她用自己甜美的歌声，用满腔的热情，传递着对祖国、对人民和对美好生活的热爱。在老百姓的心里，"红旗歌手"的称号，她，当之无愧。

回 归

彝人制造："彝人制造"是来自四川大凉山的三个彝族小伙子，乐队成立于 1996 年，于 1998 年来北京发展，因 2000 年成功推出他们的第一张专辑《彝人制造 1》，在中国流行乐坛迅速崛起，获奖无数："中国原创歌曲总评榜"内地最佳组合奖；第九届"CCTV-ChannelV 全球华语音乐榜中榜"最受欢迎内地媒体推荐组合奖；"CCTV-MTV 音乐盛典"亚洲地区最佳民歌新人奖；中央电视台 3 套"星光无限新人新作大奖赛"最佳新人奖。演唱的歌曲《彝人回家》被全国观众评为"2001 年中央电视台春节联欢晚会最受欢迎特别节目评选"特别奖。因其浓郁的民族音乐风格，彝人制造现已成为中国流行乐坛公认的最成功的演唱组合之一和中国少数民族有史以来最成功的演唱组合。

曲比哈日："我们彝族人都特别能歌善舞。在我的家乡，唱歌、跳舞其实是生活的一部分。高兴的时候、劳作的时候、休息的时候、快乐的时候，我们都会用音乐、舞蹈去体现。应该说这是我们与生俱来的吧。我们是把音乐当成一种生活、一种生命来对待，我们每天都离不开音乐、离不开朋友、离不开歌唱。我们可以不跳舞，但是不能不歌唱。"

由曲比哈布、曲比哈日和吉里日日这三个土生土长的彝族小伙子，组成的中国创立时间最早，坚持时间最长，创作歌曲最多的少数民族组合——

彝人制造，用与生俱来的乐感和纯美的无伴奏和声，不仅征服了亿万观众，同时也征服了美国 MTV 音乐台国际总裁，被他誉为在中国听到的最美声音。

谈起当年毅然决然地离开家乡，向着梦想飞奔的青春岁月，曲比哈日比哥哥曲比哈布更为激动，也更为善谈。

曲比哈日："哈布当年在我们那里已经是小有名气的歌手了，当时我们那里大街小巷都在放他用彝语演唱的歌。我们那个时候都是用卡带录音，就是自己用吉他伴奏，边唱边录，录完再复制到另一盘卡带上，就这样不断地复制。我们当地的农民，每家每户都在放哥哥的专辑，在街上赶集的时候也都是放着他的歌。当时我刚从外面毕业回来，他就组建了个乐队，有我和我妹妹，还有另外一个兄弟。后来因为要到外面去闯，我妹妹在彝族里面还是比较保守的，女孩子一般出去闯的也不多嘛，所以她就留在了家里。但我决定一定要跟着，我一定要去闯。"

初生牛犊不怕虎，兄弟二人不顾父母、亲人的反对，根本没给自己留下后路，背起吉他就离开了家乡。

曲比哈日："当时我父母，包括我们身边的人都非常地不理解。我们俩是亲兄弟，家里面兄弟就我们两个，下面还有两个妹妹。而且我们当时的工作也都是非常好的，结果我们把工作辞掉，义无反顾地就这样出来，周围人都觉得那谁谁家的两个孩子得神经病了，疯了，把那么好的工作给辞掉了。当时我们的父母，包括我们自己，顶了很大的压力。但是其实我们这个民族里的男人，骨子里面就像是雄鹰、猛虎一样，一旦骑上了奔驰的骏马，是绝不会轻易回头的。"

那时的他们，在家乡曾有个响亮的艺名，叫"黑虎三人组"。名字虽然起得过于直白，但是他们的实力不容小觑。在离家后的第一站西昌，他们推出了自己创作的彝语专辑《传说中的英雄》。这首同名歌曲本是他们创作的第一首彝语歌曲，当时在家乡还引起了不小的轰动，决定将这首歌定为全新专辑的主打歌，他们也是经过了深思熟虑。

曲比哈日："我们唱颂的英雄人物，是在我们家乡家喻户晓的，属于我们整个彝族人心目中的英雄。那个年代我们老家的思想还是很保守的，但是这些人在那个年代就能从大山里面走出来，在我们心目当中都是偶像，是我们崇拜的对象。所以《传说中的英雄》发行以后，很多人觉得我们的风格比较摇滚，觉得我们的这张专辑是一种创新。其实彝族音乐在很多人的印象里面是比较传统的，但是我们用另外一种方式来演唱自己写的东西，在当时就比较有新意。所以在云、贵、川巡回演出之后，1998 年我们就到了北京，签约了北京的艺术公司。"

来到北京之后的"黑虎三人组"，按照公司的安排，将组合正式更名为"彝人制造"。本以为从此以后就会星路顺畅，可实际上他们很快就花光了身上仅有的积蓄，生存压力骤然而至。这个时候他们才回过味来，原来，追逐梦想的道路从来都是荆棘密布。

曲比哈布："当时觉得自己还是很光鲜亮丽的，也很向往出名以后的生活。现在回想起来其实挺后怕的，可当时没想那么多。出来以后才知道这条路其实并不是那么好走。我们饿了很多年的肚子，受了很多委屈，曾经度过了一段灰暗的时光。那时候比较颓废和失落，但也谈不上绝望，因为我们对音乐还是很有自信的。当时觉得我们既然已经在北京签了公司了，那公司就应该宣传我们，但实际上公司当时也没有多少钱，而我们整天就这么熬着，夜总会、酒吧我们又不愿意去，每天身上一分钱都没有，就是饿一顿饱一顿的状态。"

为了解决最起码的生计问题，好心的朋友介绍他们去酒吧、夜总会驻唱赚钱，但被他们一一拒绝了。

曲比哈日："当时就有很多人问我们，为什么不去跑场子？哈布坚持说我们不能去那些地方，如果去了，就把最本真的东西扔掉了。而且那些场所也不适合我们做净化心灵的音乐，所以我们宁愿饿着肚子。当时很多人不仅不理解，而且还有人造谣说这俩兄弟是不是去世了。很久我们都不敢给父母打电话，因为不知道给家里打电话要说些什么。1999年的时候，我其实都有点抑郁了，就是对所有的事情都没有什么激情，也不想说话。每天早上醒来以后就抱着一把吉他，反正就是不说话。然后哈布就跟我说，没事，咬咬牙会过去的，还是那句话，觉得自己行，就要有一点信念。我跟他说，没事，总有一天我们会起来的，我们就这样互相打气。果然，1999年我们做了一首歌，发了MTV，当时不到一个星期就卖了80万张。"

> 看不懂啊你的眼神
> 猜不透啊你的思想
> 是否真的没有兴趣
> 晶莹剔透你的泪滴
> 看不出有什么伤感
> 是否真的太痴太狂
> 到底我有什么过错
> 分手相信你也愿意
> ……
> ——《乞爱者》

这首卖了80万张碟片，让兄弟三人谷底翻身的歌曲叫《乞爱者》，是"彝人制造"第一张国语专辑里的主打歌。词曲都由团队的灵魂人物——曲比哈布创作。神秘的曲风、独特的嗓音，加上拥有独特创意的MTV，"彝人制造"在当时的歌坛引起了不小的轰动。

曲比哈布："歌曲刚上来的时候，我们就获得了美国的一个新人奖，那个颁奖典礼非常隆重。当时中央电视台把这首歌放了17遍。那一年，美国MTV音乐台国际总裁，非常喜欢我们的音乐，他开生日会就把我们三个叫上，说你们会成为国际巨星，你们太棒了，是中国最美的声音。其实我们当时都蒙了，觉得没那么好，就仅仅是很自然地唱首歌而已。我们也在琢磨，为什么美国MTV音乐台国际总裁觉得这首歌特别棒？是因为《乞爱者》是我们'彝人制造'自己的风格，里面包含了民族与流行、古典与现代、远古与前卫等因素。再一个是它的旋律与众不同，美国人听了以后觉得有中国符号的东西在里面。"

用曲比哈布自己的话来说，音乐一定得是适合你自己的，你想怎么表现是你的事情，但你得把内心想表现的东西，淋漓尽致地表现出来，这才是最关键的。

曲比哈布："《乞爱者》那个年代，我们内心的激情之火在熊熊燃烧，我们内心的狂野急切地需要宣泄。因为我们想飞翔，我们不甘寂寞，我们心中有爱。那迸发出来的爱是没有伪装的，是很狂野的，赤裸裸地表现了出来，所以这就是我们的符号。"

"彝人制造"火了，一举跃上国内各大音乐排行榜的榜首。一时间各大综艺晚会、娱乐节目纷纷向他们发出邀请，但是最让他们难忘的，还是第一次登上中央电视台春节联欢晚会的舞台。

曲比哈布："能上春晚，就是对艺人一年的肯定。你看今年走得最好、最受欢迎的艺人，那肯定就会上春晚。另外一个原因可能就是中央电视台在做春晚的时候，会把每一个民族的节目都兼顾到。春晚节目是一道一道地审核，比如你一个月前进入剧组，就要接受剧组的各种审查，审完了以后，中央台高层再审。不到春晚直播的那一天晚上，你都不能说你要上春晚了，因为它随时会给你拿下来。

当时我记得很清楚，我给妈妈打了个电话，我母亲其实很多年没有听见我们的声音了，我们是一直不敢给家里打电话的，因为不想他们失望嘛。最后大年三十那天，我们的节目定在十点钟表演，是特别好的一个时间段，八点钟给家里打电话肯定是没有问题的。所以我就给妈妈打了个电话，我说妈……我当时也不知道说些啥，就差点哭出来了，整个空气仿佛都凝固了，好像凝固了20秒钟，就不知道说啥。后来我说妈妈你看电视，今年的春节你看电视。她也不知道说啥，所以当时我把电话放下的时候，已经泪流满面了。"

常年漂泊在外，他们对家、对妈妈的那份牵挂和歉疚始终无法用言语来表达，更无法令自己释怀。所以他们只能把这种复杂深刻的情感融入创作中，让音乐来传达他们的情义。

妈妈

孩儿让你牵挂了妈妈

孩儿让你受累了妈妈

是你擦干了我第一滴眼泪妈妈

是你让我学会飞翔妈妈

我的妈妈

妈妈

只是一个心愿未了妈妈

我真的不想让你失望妈妈

因为我的梦想在远方啊

妈妈

……

——《妈妈》

这首"彝人制造"创作的《妈妈》，是他们很久以前就想对母亲说的话。

曲比哈布："刚开始的时候这首歌是没有歌词的，旋律体现了一种惆怅的情绪。我写的过程其实很简单，就是拿把吉他坐在沙发上，对着远方就开始哼唱。当时还没有歌词，我旁边有一帮人在玩，就有个姑娘认真地在听，听着听着她就开始流泪了，我说干吗呢？她说听着很感动，你是在唱妈妈吗？我说对，没错。当时我就是在想妈妈，只是千言万语不知道从何说起，然后那种思念突然就像洪水一样，一发不可收拾。我顺手拿起笔，十分钟就把这首歌的歌词写完了，旋律加起来也就 15 分钟时间吧，这首歌就写完了。"

曲比哈日："当时哈布把这首歌写完以后，对我们说写了首歌，让我们听一下。他就开始唱，一般我们总是在一起练歌，通常情况下是不会那么感动的。但是当他唱到那句'只是心愿未了'的时候，我就忍不住了，那么多年感觉太愧对我母亲了。"

2003年，"彝人制造"的这首《妈妈》，让他们再一次攀上了音乐事业的高峰。

曲比哈日："很多综艺节目，像超女、快男、金钟奖、中国梦等选秀节目比赛中，歌手们都拿《妈妈》这首歌去比赛，期望能用真情实感打动评委的心。其实我们感到很欣慰，因为我们的音乐被老百姓认可，被歌手们认可。我们希望真善美的东西，像母爱、亲情这些能通过我们的歌曲让全世界更多的人听到。我们现在唱这首歌还是能唱哭很多人。其实这首歌不是我们唱得有多好，也不是这首歌有多好，是每个人心中的母亲太好了，这是每个人的一种情结。"

然而就在"彝人制造"给我们带来一次次感动的时候，在他们的事业最辉煌的时候，2003年，成员俅伍阿木却选择离开单飞。

曲比哈布："我们之间没有矛盾，是一起共患难出来的特别好的兄弟。只是因为他那会儿有了新的音乐梦想，他喜欢流行音乐，他说大哥，我可以去试一试吗？我说你想试就试吧，为什么不能试呢？你需要我帮什么忙，包括哥哥帮你写首歌，我都会愿意的。后来阿木有一首歌叫《有一种爱叫放手》在网络上很火，我觉得很欣慰，最起码他自己选择的路走得挺好的。"

2009年，吉里日日的加入为"彝人制造"注入了新鲜血液。

曲比哈布："我们能走到一起还是一种缘分，因为我们彝族有1000万人。当时阿木走以后，中间我们也找过一个兄弟。因为我们'彝人制造'音乐的分工必须是高中低音的配置，必须要达到我创作的一种状态，没了高音就不能表现我想表达的，所以我想找个特别好的高音。我们在贵州、云南有彝族人的地方都有留意，但就是没有这样的人。因为我们从声音、形象上，各方面要求都比较高，所以就一直没有找到让我特别满意的人。后来，在我们家乡有一个非常好的组合，里面有个兄弟是我非常好的朋友，他说我忍痛割爱，把我组合里的一个兄弟推荐给你们吧，这个人人品非常好，而且他经历过一些事情。受过苦，也有文化，做过老师，他应该非常适合你们。这么多年了，我也找了很多人，我觉得找得最正确的人就是他，我们合作得非常愉快。怎么说呢？就是我们三个人基本能融合到一起。现在也差不多五六年过去了，这么长时间以来，我们始终在一起，其实更多的是我们三个对音乐的爱，那种执着和坚持。"

稳定的队伍和超众的创作才华，使"彝人制造"在淘汰率极高的音乐界始终占有一席之地。而坚持原创音乐，更是他们一直以来创作的原则和赖以生存的法宝。

曲比哈日："一直以来，我们始终在跟公司商量，不能违背我们原创的这个愿望，不然没法合作。跟任何一家唱片公司我们都是这么谈的。我们以原创为基调，就是要按照我们的想法去写歌。我们可以自由地想象，就像野马一样自由地奔腾、自由地驰骋在音乐的路上。我们不愿意去模仿任何人，像那样谁火了，就跟着谁，我们是不愿意这么做的。从第一张到第七张专辑，我们都保持着原创。我觉得音乐，是从没有风格到慢慢形成风格，从无形到有形，是最抽象的艺术，是时间的艺术。每一种音乐肯定会有自己的听众群体。歌曲创作必须秉持着原创的原则，如果你是为迎合谁而去写歌的话，我认为那就是伪艺术。"

在经历了几番乐海沉浮之后，"彝人制造"在音乐界激烈的竞争中慢慢淡出了人们的视野。人们一度猜测，组合已经解散了。

曲比哈日："其实'彝人制造'一直都在，只是上综艺节目和晚会的次数少了，我们根本就没离开过。只是'彝人制造'不会去参加那些浮躁的作秀型的节目，我们始终保持着自己的原则。很多节目会让我们去做一些玩乐的环节，去年就有一档综艺节目，很火的。其中就有一个环节让我们去作秀，就安排我们要这样那样地做假，我们说做不来。当时他们的导演还挺不高兴的，不高兴也没办法，我们就是不做。"

曲比哈布："能走到今天，其实我们是很开心、很快乐的。因为我们身边一直有兄弟、有朋友、有姐妹、有同胞，有喜欢我们的听众，那么多年一如既往地鼓励和支持，这才使我们有动力写更多的歌。今后我们也会把羽毛梳好，慢慢地往前飞。"

自出道以来，"彝人制造"尝试了多种音乐风格，他们的创作信马由缰，自由奔放。在历经了四年对音乐的萃取和提炼之后，他们推出了全新专辑《回归》。这张专辑不仅体现了他们对音乐的追求，同时也是他们对自己多年音乐创作的回顾。

曲比哈日："用了四年时间，我们做了这张比较喜欢的《回归》。'彝人制造'从第一张专辑开始，用了民族音乐的元素和摇滚这种世界性的音乐风格。到了第二张专辑，我们采用了重金属摇滚风格。再到第三张的《妈妈》就是民谣和轻摇滚风格了。第四张的《看见了》里面的音乐元素是比较丰富饱满的，有节奏布鲁斯，有嘻哈，有中东的风格，有彝族比较迷幻色彩的东西。所以说第四张专辑是非常多元的一张。到了第六张专辑，就是回归。从作词到歌曲的旋律，都回归简单化，就是音乐语言尽量简单，回归到你的民族音乐的本初。歌词也是非常朴实地去演绎，没有特别咬文嚼字、特别复杂。"

《回归》体现了"彝人制造"多年的音乐梦想，他们把一路走来的艰辛与深情都融入在了这部专辑中。《我和我的阿惹》《彝乡谣》《哭嫁歌》等11首歌曲，让人听出了不一样的情怀。更特别的是，专辑宣传品中反映彝族人民生活状态的油画插图都是由曲比哈布亲手绘制完成的。用他的话说，做自己喜欢做的事，那是人生一大乐趣，做自己喜欢的音乐，那就是一种享受生活的过程。

曲比哈日："'彝人制造'这个名字已经融入我们的血液里面了。我们不是在为自己歌唱，而是为我们彝族人歌唱。我们每个阶段的心态和心情是不一样的，所以创作的东西肯定也是不一样的，40 岁写的歌和 30 岁写的歌肯定是不一样的。我们会一直走下去，一直到我们写不动、唱不动为止。我想我们将来一定会延续'彝人制造'这个品牌，将来可能会有一个更年轻的'彝人制造'出现，但是我们这个老年版的'彝人制造'一定会坚持到最后。我觉得做音乐不一定要得到什么、拥有什么，它带来更多的是快乐。你是因为做音乐而快乐，你是因为拥有了众多的听众而快乐，我觉得这个才是最重要的。"

曲比哈布："我们未来的音乐之路就是想做乐队。就是想用音乐以最粗犷、最狂野、最直接的方式，表达内心的快乐，歇斯底里的悲伤和无边的渴望。可能我们会选用区别于抒情的另外一种形式，比如摇滚，用特时尚、特酷、特激情的音乐形式来表现。不同于以往我们的创作风格，我们会返璞归真，又回到梦开始的地方，用激情去创作。再一个音乐方向就是想出一张特别宁静的，很多年以后听起来一样会很舒适的专辑，目的就是想让听到的人回到一种放下的状态，拥有一颗平常心，用一种很快乐的状态去生活。"

爱从草原来

乌兰托娅：蒙古族歌手。2005 年，参加黑龙江青年歌手电视大奖赛获得冠军；2010 年凭借歌曲《套马杆》走红；2011 年，携《套马杆》登上"唱响中国"的舞台。乌兰托娅的嗓音自然真挚、率性赤诚，被誉为"草原天籁之音"。

　　爱从草原来，情随花儿开，
　　梦中的汉子，闯进我心怀。
　　热切的目光，是无声的表白，
　　他扬鞭甩出，那动听的天籁。
　　……

　　　　　　——《爱从草原来》

无论在电视里，还是此刻坐在我的面前，乌兰托娅在演唱这首歌曲的时候，嘴角始终是上扬的，眼睛里流光溢彩，浑身上下充满着快乐和温暖的气息。

乌兰托娅："我来自内蒙古呼伦贝尔大草原。那里有蓝蓝的天、白白的云、绿油油的草地和漫山遍野的牛羊……我特别喜欢我的家乡，我要歌唱美丽的草原，让更多的人知道我们草原的音乐，让更多的人爱上草原。"

我不知道听了她的歌，有多少人会爱上草原，但我可以肯定，这样一位质朴、真诚、开朗又豪爽的姑娘，在演唱情歌的时候是多么打动人心。

乌兰托娅："我觉着唱歌都是唱情的，不管是唱爱情、亲情，还是友情，你不能把自己完全归为某一类，你不能说我主要就是唱晚会歌曲的，或者我主要是唱流行歌曲的。我觉得每首歌都是有感情的，所以首先要唱出情感来。《爱从草原来》虽然歌词写的是男女之间的爱情，但是我们能不能换一种想法，换一个角度来看呢？它可能并不仅仅在说男女之间的小情小爱，它可以是一种大爱，一种无私的爱、衍生的爱，所以说从情感的处理上就会不一样了。因为我是陶行知教育基金会微梦基金（针对留守儿童设立的一项公益基金）的形象大使，所以我经常想为这些孩子们做一点事情，就把这首歌作为主打歌演绎了出来。在我看来，爱从草原来，也是说一种关爱、一种友爱、一种大爱。"

美丽的呼伦贝尔大草原，用辽阔的疆域、矫健的骏马、肥硕的牛羊、清澈的泉水哺育了乌兰托娅，呵护她一路成长。当同龄的兄弟姐妹们还在草地上撒欢儿的时候，美丽的小乌兰托娅静静地趴在收音机旁，如饥似渴地聆听着"天籁之音"，笨拙地一遍遍小声模仿。她的童年就这样伴着青草香和音乐声悠然度过。中学毕业后，为了继续追寻心中的音乐梦，乌兰托娅选择进入艺术院校进行声乐专业学习。

乌兰托娅："当时在艺校我学过两个专业，一个是美容美发专业，一个是声乐专业。因为那个时候的女孩子都比较爱美，所以我的第一专业学的是美容美发，后来还是因为特别爱唱歌，所以就背着家里人偷偷把专业改了。经过大半年的时间才被家里发现，实在没办法了，才告诉他们我已经改为声乐专业了。"

同许多歌手一样，乌兰托娅毕业后没有选择回家乡，而是做了北漂。在经历了生活的种种磨砺之后，凭着骨子里对歌唱的执着和热爱，以及扎实的演唱功底，她最终被北京的一家唱片公司相中。

乌兰托娅："毕业之后，我是在外地和家里两边跑。在北京，为了生存下去，就去夜店驻唱跑场，那个时候驻场也只是赚点小钱。我刚到北京的时候，和唱片公司还没正式签约，只是先录几首单曲，之后只能又回到家里。过了半年的时间，录过的单曲在我们草原上拍了一个 MV，然后唱片公司的老总就让身边的朋友来听、来看，觉得我可以。2007 年 10 月我来到北京正式签约。之前都是停停走走，来了又走。我一个女孩子，在外边跑来跑去不是很安全，家里也不是很放心，但就是没有办法。中间也有放弃过，因为家里担心，经常给我打电话，所以我就从外地回到老家待了几年。哎哟，觉得不行，我还是得唱歌，我还是喜欢这个专业，所以又回来了。"

谁也无法体会乌兰托娅当年放弃梦想的痛苦与煎熬，还好，她最终回来了，回到了自己心爱的舞台，重新抓住梦想，继续前行。从 2003 年开始，乌兰托娅就参加了大大小小不少比赛，也获得了诸多奖项。然而，谁也不知道在这些荣誉背后，乌兰付出过怎样的艰辛。她成功了，用她自己的话说，她的成功不是因为她的唱功，而是面对那些曾经帮助过她的人们，她始终怀着一颗感恩的心。

乌兰托娅："我 2006 年参加青歌赛，那时候有一个组合奖可以申报。我们当时的组合是两女一男，那个男孩儿和另外一个女孩儿他们家都是哈尔滨的，就我家是内蒙古的。我大老远从内蒙古来到哈尔滨，跟他们俩一起排练。当时实在没办法，我只能在一个旅馆里租了一个小房间，15 块钱一天，只能放一张小床，旁边一张小桌子一搁，就什么空都没有了。当时我住的旅馆离那个女孩家很近，刚好排练方便嘛，所以每天她都叫我去她们家蹭饭，排练完吃完饭之后，我再回我住的地方。她还经常请我到外边去吃饭，所以说当时她对我的帮助特别大。还有黑龙江电视台的一些老师，我要特别感谢他们，没有他们对我的指导和帮助，我不可能在央视青歌赛上取得好名次，也不可能在参加完青歌赛后就签上约，所以特别感谢他们。"

怀着一颗感恩的心，乌兰托娅在中央电视台举办的第十二届青年歌手大奖赛中取得了骄人的成绩。本以为签约后就可以走出事业和生活的低谷，谁料想这也只是她坎坷人生迈出的第一步。2007年，没有任何经验的乌兰托娅签约一家新的唱片公司，由于自己是新人，没有经验和过多想法，结果在该公司资质不硬、经验匮乏、宣传活动跟不上的情况下，乌兰托娅始终寂寂无名。直到她遇到了自己命运中的重要转折点——演唱有着热辣滚烫词、豪放大气曲的《套马杆》。

给我一片蓝天 一轮初升的太阳

给我一片绿草 绵延向远方

给我一只雄鹰 一个威武的汉子

给我一个套马杆 攥在他手上

给我一片白云 一朵洁白的想象乌兰托娅

给我一阵清风 吹开百花香

给我一次邂逅 在青青的牧场

给我一个眼神 热辣滚烫

套马的汉子 你威武雄壮

飞驰的骏马 像疾风一样

一望无际的原野随你去流浪

你的心海和大地一样宽广

……

——《套马杆》

乌兰托娅在这首歌中，倾注了自己对草原和家乡人的无限眷恋，唱出了百姓的心声和渴望。其中传递出的草原人独有的情感，深深打动了无数向往草原和热爱草原歌谣的人们。凭借这首歌，乌兰托娅迅速走红。

乌兰托娅："其实我是这几年才感觉到《套马杆》火了，我红了。因为2009年1月17日发行了这张专辑之后，我还在广州唱片公司待着，因为没有什么事可做，天天就是上网、看电视，晚上去健身房健身。结果有一天我的一个同学给我打电话，他说，乌兰托娅，我去内蒙古玩了，结果你猜怎么着？整个一条街都在放你唱的《套马杆》。我说是吗？其实当时我也没往心里去，我就说，啊，挺好。也没有说特别高兴，就非常平静，因为我自己没有听到，没有感受到，我不知道情况是怎样的。后来回到北京之后，大街小巷都在放我唱的歌，这才有了感觉，才知道这首歌是真正、彻底地红了、火了。"

　　歌曲《套马杆》一经推出，便迅速占据了各大热门榜单的榜首，并在当年年底一举拿下多项音乐大奖。在中央电视台为庆祝中国共产党成立90周年举办的"唱响中国——群众最喜爱的新创作歌曲"评选活动中入围了前十三强。

　　乌兰托娅："《套马杆》是在 2008 年的 12 月份录的，当时是《我要去西藏》的作曲石磊老师介绍我认识了词作者刘新圈老师。他说你问一下刘老师，他手上还有没有歌？因为我当时还有 3 首歌整张专辑就录完了，我就通过 QQ 问刘老师有没有什么新歌适合我唱，他马上给我发过来七八首歌让我选。我选出两首歌，一首叫《塑料花》，还有一首就是《套马杆》。当时《套马杆》就是类似凤凰传奇的那种风格，前边女生唱，中间男生来说唱。我说这不行。但这首歌我又特别喜欢，既然是我一个人独唱嘛，那干脆把中间说唱的部分就全部去掉吧，这样重新编曲完之后就是现在我们听到的样子。"

　　坚持自我的乌兰托娅不断探索着自己的音乐之路，以首张个人专辑《阿尔斯楞的眼睛》开启了"蒙古族唱腔"，再将节奏感极强的流行曲风与民族歌曲相结合，创作出备受大众喜爱的"新式民族歌曲"。其倾情演绎的《套马杆》《我要去西藏》《高原蓝》等一举夺得"十大热门歌曲"的冠军。成名之后的乌兰托娅更加明确了前进的目标与努力的方向。她知道要想在音乐的道路上长久前行，就必须加倍付出汗水与辛劳。然而，令她万万没有料到，处在事业上升期的自己会因为合约到期等原因，遭到禁唱。

　　乌兰托娅："我当时和公司签了三年合约，到期之后要续约，而我就没再续。因为我觉得这个公司还是欠缺了点，在某些方面我觉得不符合我的想法和要求，所以我就没有再签约。因为是签约期间给我做的整张专辑，专辑里的歌都是公司买来的，版权都在公司，所以我就无缘再演唱这些歌曲了。"

带着深深的遗憾，乌兰托娅在经历了诸多人情冷暖、世间百态后，开始逐渐走向成熟。在专业领域，她继续沿用《套马杆》的风格，演绎的大多数歌曲都节奏感十足，从广场舞到手机彩铃，她的歌曲被赋予了全民参与的生命力。正如她自己所说的：我也是老百姓，老百姓喜欢什么我就唱什么。

乌兰托娅："我没想到我的歌曲广场舞用得特别多。前两天我还在家里听到，广场那边传来一首悠扬的、熟悉的旋律，原来是我唱的《蒲公英的翅膀》。我都没想到这首歌也会被她们编成广场舞，她们就是晨练的时候放来跳。我当时在录音的时候，好多给我写歌的人都认为玩音乐就得玩得高雅一点，中间要给我加点什么花儿啊，停顿一下啊，我说我不需要这些。因为首先我也是个老百姓，我是个普通歌手，是一个为老百姓唱歌的歌手，我听音乐就是用我的耳朵来听，老百姓他们喜欢什么我就喜欢什么。所以如果要在歌曲中间搞些花样噱头，我就说全部去掉吧，老百姓他不喜欢，不是说听不了高雅音乐，而是他接受不了这些花哨的东西。我觉得可能因为我父母都是工人，我也是老百姓，这可能也是观众喜欢我的原因之一吧。"

乌兰托娅固执地坚守着自己的原则，她要为身边的人唱、为陌生人唱、为每一个老百姓唱。喜爱她的听众对她的反馈也是真诚而直接的。

乌兰托娅："我的一个好友说，在草原上开车的时候听我的歌，就觉得特别有力气，越开越快。我说你别超速啊，这样会扣分的。他就说，哎呀听你的歌，就特来劲，特别有精神。还有一次，我碰巧生病了，但是没办法，还是得演出。那怎么办？我就在台上晕晕乎乎地半闭着眼睛唱，而且还不能让台下的观众看出来，所以那次演出其实我挺难受的。但是当时观众特别热情，他们是那么喜欢我唱的歌，我每唱完一首，观众就特别热情地欢呼。那次我唱完以后，有个观众还要跟我合影，说她家孩子才几个月大，一听到我唱的歌就不哭了，我觉得好神奇啊；还有观众说难受的时候听我唱的歌就不难受了；还有观众说我的声音特别地性感，我说那是我感冒生病了的缘故吧。所以说观众那么喜欢我、包容我，我真是非常感动。"

作为一名蒙古族歌手，乌兰对草原和家乡有着特殊的情感。她眷恋家乡，但是因为工作的原因不能经常回去，所以她觉得对亲人有着无法弥补的亏欠。

乌兰托娅："我在呼伦贝尔草原拍 MV 的时候，感触是最深的。当时我要唱'草原，草原，我的情人'，我就面对大草原伸开双手，想要拥抱它。当时我心里在想，这就是我的家乡，我要回来，我真是对不起你们。就是有这种感觉，心里特别难受。尤其是近几年我很少回去，就有一种愧对草原的感觉。"

直到现在为止，乌兰托娅都是一个非常低调的人。除了偶尔做做公益，她很少出来做宣传。用她的话来讲，她宁肯把时间用在认真做音乐上，也不愿意把时间和精力花在作秀上。

乌兰托娅："我其实不太喜欢上电视，一是我觉得我这形象不行，上了电视之后对不起观众。再一个就是我说话特别快，但语言组织方面不是很好，做电视节目怕说不清楚，观众看了着急。我只是特别喜欢唱歌而已，从 2009 年我发行第一张专辑到现在，已经连续出了多张专辑和 EP 碟，可以算是快的了吧。我爱聊有关专辑方面的事儿、歌曲方面的事儿，我觉得只要我的歌老百姓喜欢，他们爱听就可以了，我就没必要经常在电视上出现了。我也不希望观众对我有多熟悉，只要他们说乌兰托娅，哎，歌唱得真好听，每首歌都好听，我就心满意足了。"

毛主席的战士
最听党的话

李之金：新疆军区离退休干部，原伊犁军分区宣传干事，《毛主席的战士最听党的话》词曲作者。

阿拉马力，突厥语"苹果"的意思。中国史书上亦称"阿力麻里"。这个位于新疆伊犁的城市，我们也称它为"苹果之城"。800 年前，盛极一时的阿力麻里城就屹立在蜿蜒千里的天山支脉科古儿琴山脚下，是成吉思汗之子所建王国的国都。然而，历史上曾辉煌的它，却在一夜之间神秘地消失了。如今，代替它的是沿着界河自北向南高大的边防林带。位于这一地区的阿拉马力边防连，就驻扎在新疆霍城县西北距霍尔果斯口岸不远的卡拉乔克山下，连队所辖河源地区位于霍城县西北 140 千米的卡赞古里山区，总面积 260 平方千米，地形险峻复杂。

20 世纪 60 年代，一位普通的战士在阿拉马力边防站的墙头上写下了这样一首小诗："毛主席的战士最听党的话，哪里需要到哪里去，哪里艰苦哪安家……"时任新疆伊犁军区宣传干事的李之金在阿拉马力边防连蹲点期间，发现了这首诗。在同守边将士们同吃同住，一起经历了恶劣自然环境的洗礼之后，战士们乐观向上、无怨无悔、置个人生死于不顾的精神使李之金大为感动。他把战士们的思想言行用最朴实的语言记录了下来，再结合墙上的那首小诗，创作完成了《毛主席的战士最听党的话》这首歌。没想到，歌曲一经问世便迅速风靡全国，并久唱不衰！

李之金："没想到这首歌一下子就被唱红了，我本人当时是搞宣传文化工作的，简谱知道一点。另外，新疆伊犁那个地方是少数民族歌舞之乡，所以新疆的民族音乐自然而然就接受了，熟悉了。其实我没有进过音乐学校，也没学习过音乐，就是跟着少数民族音乐的调走。至于为啥起名叫《毛主席的战士最听党的话》，那是因为当时部队提倡这种精神，毛主席的战士听党的话，一切服从党。"

1963 年，这首歌在新疆军区的《战胜报》上正式发表。1964 年，此歌参加了新疆军区举行的文艺汇演，并被新疆军区选送到北京，参加 1965 年全军文艺调演。演出后反响很大，不仅受到周总理的高度赞扬，而且被全国人民广为传唱。作为这首歌的词曲作者，李之金的名字与这首传唱了半个多世纪的歌曲相比并不为人们所熟知。然而他和千千万万个无名边防战士一样，在那个火热的年代，将自己的青春年华毫无怨言地奉献在了阿拉马力的边防线上。

那是 1962 年，中央军委从全国各军区向新疆军区调防。驻守在青海、甘肃、浙江、福建等地的指战员，一夜之间接到了调防命令，便立即向新疆出发。李之金就是他们当中的一员。直到现在，他都清晰地记得，自己当时扛着背包就出发的场景。

李之金："早在 1952 年，那时还是抗美援朝时期，好多年轻人都满腔热情，报名参加志愿军抗美援朝。我那时候初中还没毕业，也报名参加了志愿军，准备在志愿军总部做个译电员。正在紧张学习的时候，抗美援朝取得胜利了，我们这批新入伍的战士就开始重新分配。当时到什么地方去呢，咱也不知道，但是有一条，你说什么地方苦，什么地方远，你就让我到那儿去。我们那一代年轻人啊，就是有这种政治热情，听党的话。所以我就向组织提出，哪里艰苦就把我派到哪里吧。结果就把我分到西北军区，到了西北军区以后，再远一点就是新疆军区，到了新疆军区再远一点呢，就是伊犁了，是祖国的最西边了。"

当时的李之金并不觉得，到祖国的最西边去是一种苦。他反而觉得，到祖国最需要的地方去是一种光荣，感觉自己仿佛实现了人生的一个重要愿望。

李之金："我们坐火车从长春到了兰州，从兰州再坐汽车到了乌鲁木齐，然后再坐汽车到伊犁。就这样停停走走，路上走了好长时间，大约有半个月。后来从乌鲁木齐到伊犁，又花了整整十天时间。交通不好，路不好，车况也不好。因为从来没有来过新疆嘛，对新疆也没概念。一进疆，新疆人吃的那个火烧不是叫馕嘛，我就没有听说过馕，以为就是吃那个狼。我当时一听，狼啊，一个人吃一个！哎哟，真是不得了，以为在新疆都得吃一头狼。其实，馕就是维吾尔族人做的一种烤饼。

这些来自天南海北，操着不同口音的"李之金"们，从原驻防地来到新疆，一下火车，没顾得上喝一口水，就骑上骆驼，背上一口锅上了边防站。

李之金："当时的边防站，其实就是一个山头或是一片山林，没有人烟，更没有住的房子。我们这些边防战士都是白手起家，没有房子自己挖地窝子住，没有吃的我们就挖野菜，阿拉马力的山沟里头有野葱、野蒜，还有些野菜，我们就拌着带来的干粮吃。'祖国要我守边卡，石头缝里把根扎。'我创作的歌词中就有这样一句话，讲的就是当时那种艰苦的情况，那真是毫不夸张。当时我们只有一个念头，就是克服一切困难，要站稳脚跟。"

没有条件，就自己创造条件。哪怕只剩下一双手，也得想办法在这里生存下去，扎下根，同时还得履行好守卫边防的任务。这是当时所有边防战士的心声。

李之金："那时的干部、战士没想过要什么嘉奖，首先想的是到了边防站马上就能够过日子，安下心，然后根据上级领导安排的巡逻路线，站岗、巡逻、放哨……安心守卫在那儿。我那时考虑的首先也是要把我们的祖国守卫好。我还记得当时有一个战士，上级安排他给我们做饭，他什么困难也没跟组织讲，反正先把饭给我们做好，然后又跟着我们一起去巡逻，就沿着边境线走几十里山路，没叫过一声苦。当时我们都特别感动。"

"三峰骆驼一口锅，两把铁锹住地窝"，阿拉马力的边防战士们用特别能吃苦、特别能战斗、特别能忍耐的精神，在这道不可逾越的天然屏障上，将鲜艳的五星红旗插在了皑皑雪山之巅。然而他们所承受的艰难和困苦是难以用语言来描述的。

李之金："阿拉马力往北走，就到了跟塔城的交界处，叫霍源地区，是霍尔果斯河发源的地方。那个地方常年有雪，咱们阿拉马力边防战士巡逻的任务就是要走到那个地方。但是那个地方很不容易上去，一个月能去一两次就不错。有次我们到了塔城的边防站，它就建在风口上，风很大。战士出去巡逻、站哨，都必须要拿背包带把自己拴起来。要不然就被风吹跑了啊，真的，风实在是太大了，环境特别恶劣。"

就在这样艰苦的环境里，就在阿里马力漫长的边境线上，还有一支身穿军装，但没有军衔的特殊的边防队伍。他们驻守在边境线的最前沿，同样执行着守边、护边任务。

李之金："那时候，兵团的战士虽然穿军装、配备武器，但是没有军衔，他们叫现役值班，也叫值班民兵。他们在我们野战部队的前头，任务更艰巨、更困难，条件更艰苦。它不像军队，军队还有国防费用，兵团人都是自己劳动挣钱，只有一点补助。真是非常艰苦。所以说国家为什么要在新疆保留兵团，那是因为兵团的贡献太大、太重要。"

"我家住在路尽头，界碑就在房后头，界河边上种庄稼，国境线旁牧羊牛"，以屯垦戍边为己任的兵团人一边垦荒生产，一边站岗放哨，在最不适合人类居住的地方建起了自己的家园，对他们来讲"种地就是站岗，放牧就是巡逻"。每当太阳升起的时候，每当鲜艳的五星红旗在国境线上缓缓升起的时候，每一个边防战士心中都会响起一个坚定的声音：这里是我们的土地，这里是我们的国家！

李之金："我们这一代人，可以这样讲，坚决服从党组织需要，发扬艰苦奋斗、勇于牺牲、勇于吃苦的精神，在祖国最需要、最困难的时候，首先站出来。这种精神不只是我们那一代人，是所有军人、所有兵团的战士，都具有的精神。我们说军队有军风，兵团也有兵风，那就是为了国家敢于奔赴最困难、最危险、最需要的地方。你看看我们军队的光荣历史，哪里出现困难，需要我们到战备一线去，我们是军人，说去就去，无怨无悔。平时像碰到地震啊、洪灾啊等自然灾害，第一时间都是我们军人冲上去。"

毛主席的战士最听党的话

哪里需要到哪里去

哪里艰苦哪儿安家

祖国要我守边卡

扛起枪杆我就走

打起背包就出发

毛主席的战士最听党的话

哪里需要到哪里去

哪里艰苦哪儿安家

祖国要我守边卡

边防线上把根扎

雪山顶上也要发芽

……

——《毛主席的战士最听党的话》

李之金创作的这首《毛主席的战士最听党的话》，虽然简单、直白，却朗朗上口、情感表达非常准确。它把戍边官兵听从党的召唤，保卫祖国，干脆、利索、痛快、乐观的形象刻画得淋漓尽致。同时又采用了新疆民歌中欢快的节奏和跳动的旋律，使曲调充满热情，准确而充分地表现出了青年战士朝气蓬勃的精神风貌，体现了守防官兵高举旗帜、听党指挥的政治品质，克服困难、忠诚戍边的奉献精神，旗帜鲜明、信念坚定的政治立场和服从大局、乐于奉献的责任意识。

《毛主席的战士最听党的话》从阿拉马力诞生，从伊犁河谷一路唱响大江南北，不仅在基层官兵中传唱，更被雕刻在阿拉马力边防连的照壁之上，深深地铭刻在守边人的心坎上。它影响和鼓舞着阿拉马力边防连乃至全军部队的官兵以坚定的信念忠诚于党的国防事业。如今，这首歌已成为阿拉马力边防连的连歌和边防第八团的团歌。它传达的是对老一辈戍边人革命精神的传承。

李之金："现在我们经常讲什么是主流意识？这就是主流。是一种为国家、为人民，勇于奉献、勇于吃苦的精神。现在咱们兵团强调的肯定也还是这个精神，是不是？兵团人的艰苦奋斗精神永远不会变。兵团人那种勇于为边疆牺牲做贡献，献了青春献子孙的精神，在任何一代人那儿永远都是值得提倡的。"

后 记

我一直在想，成功到底是什么？我们生活在一个渴望成功的年代，谁都想成功，想证明自己。我也想！于是在入行 16 个年头之后，我终于等来一个机会，创造一个文化界成功人士的专访节目，去询问他们在各自领域成功的秘诀。因为我质疑，质疑成功的定义标准，质疑这个社会是不是患了"成功焦虑症"，质疑身边的人们是不是为了所谓的"成功"，而错过了路边的风景和身边给予我们温暖的人。

人人的期待往往就是自己的牢笼。萧伯纳曾说过："一个理智的人应该改变自己去适应环境，只有那些不理智的人，才会想去改变环境适应自己。但历史是后一种人创造的。"所以在我看来，要想成功，首要问题是如何坚持做自己，做自己想做的、力所能及的事情。2013 年 1 月 5 日，我们筹备了近一年的《文化印象》栏目在兵团卫视开播了。它通过对全国文化艺术界成功人士的访谈，一步步揭开生活的面纱，触及心灵的真实，以开放的视野、包容的心态来关注艺术界成功人士个人的成长经历，弘扬中华传统文化，向观众传递出一种积极、健康的正能量。王蒙、印青、陆天明、蒋大为……一个个文化艺术界响当当的人物陆续出现在我们的镜头里。当这些优秀的艺术家坐在我的面前，当聚光灯同时也打在了我的脸上，我瞬间便忘记了自己，努力地用一个个问题去打开、去探寻那来自心灵、来自生活的点点滴滴。在此，我真诚地感谢《文化印象》所有的受访嘉宾，感谢他们没有以冷漠轻视我们，没有用拒绝让我们失望。而是热情地允许陌生的我走进他们的世界，一同分享他们人生中的欢喜悲哀。其实，做专访就如同进行一场惊心动魄的探险，是一种对人心、人的灵魂的探寻和认知。在很短的时间里，你想挖掘出深层次的东西，真的是非常困难的，因为在此之前，你和被采访者从未谋面，他们凭什么要坦诚地向你打开自己呢？所以这个时候，就要以尊重的态度让对方感受到你的真诚和认真，还要时刻保持旺盛的好奇心，要有和对方平视的勇气，要有不输于对方的强大气场，更要有充分的准备、做足采访功课。当我信心满满地提问采访嘉宾刘小宁："处在人生的低谷，眼看身边的同学一个个功成名就，自个儿就不着急吗？"他的回答是这样的："这有什么好急的呢？艺术作品是急出来的吗？人生是急出来的吗？既然想做一点自己真正想做的东西、感兴趣的东西，那就不要被生活逼着走，永远要掌握自己的节奏，按自己的步骤一步一步踏踏实实地来。"这就是他对人生得失的选择和处世态度，也是我坚持要把诸多艺术家的采访集结成册的原因。因为我相信，这本《故事里的风景》一定会带给大家有价值的信息，从而对每个人的生活有所帮助和启迪。

在此，衷心感谢台领导和集团公司领导对《文化印象》栏目以及本书创作的支持与帮助！感谢所有参与创作《文化印象》栏目的同事、朋友的大力支持！感谢为本书出版无偿奉献的朋友们！感谢养育了我的兵团！感谢培养了我的兵团广播电视台！

2018 年 6 月于乌鲁木齐